MICHAEL ERHARDT

STOLPERSTEINE DES LEBENS

Lebensgeschichte

Originalausgabe

Ich danke
Jürgen-Peter Brünn
für seine Mitarbeit an diesem Buch
und die daraus gewachsene Freundschaft.

Umwelthinweis:
Dieses Buch wurde auf
chlor- und säurefreiem Papier gedruckt.

1. Auflage

Printed in Germany

Herstellung: Books on Demand GmbH

ISBN 3-8311-4937-2

INHALT

Ich bin ein geborener Balzheimer.

Aber, lieber Leser, wissen Sie, was „eine“ Balzheimer ist? - Sie kommen nicht darauf! - Es handelt es sich um eine Wurstspezialität, die der Balzheimer selbst „Luthrische“ nennt.

Schon vor mehr als drei Jahrhunderten haben evangelische Glaubensflüchtlinge aus der Steiermark und Kärnten diese Wurstspezialität aus ihrer Heimat in das schwäbische Balzheim mitgebracht.

Heute essen auch katholische Balzheimer die „Luthrische“, die grobe, würzige und, wie man bei uns sagt, „räse“ Wurst. Roh ist sie kaum zu beißen, aber auch die gesottene Balzheimer verlangt kräftige Zähne und einen kräftigen Magen. - Ein bisschen bin auch ich „eine Balzheimer“.

DIE KRAFT ZUM ÜBERLEBEN

Am 08. Juni 1927, gegen 3 Uhr nachts, an einem Mittwoch, wurde ich in Oberbalzheim geboren. Nach Ansicht der Hebamme, als nicht lebensfähig. Da ich blau angelaufen war und nicht gleichmäßig atmete, wurde ich nicht gewaschen und in Windeln gewickelt, sondern zum Sterben auf die Fensterbank gelegt.

Als ich jedoch gegen Mittag noch am Atmen war, hat sich die Hebamme entschlossen, mich doch noch zu waschen; und so habe ich ein Bettchen bekommen und wurde als achtes Kind in die Familie aufgenommen. Das sind die Aussagen meiner älteren Geschwister.

In meinem süddeutschen Geburtsort gibt es Wiesen und Felder, und erwähnen muss ich die beiden Oberbalzheimer Schlösser, die zusammen mit der Dreifaltigkeitskirche ein bemerkenswertes Ensemble bilden. Markant für Unterbalzheim ist die uralte Mauritiuskirche mit der angebauten Ehinger-Grabkapelle; und ein Kleinod ist die malerische Berggasse, von der aus man einen wunderschönen Blick auf die Alpen hat.

Und da gibt es den Wald und die Iller, da gibt es Bauern und Knechte, und da gibt es reich und arm; und meine Familie gehörte mit ihren zehn Kindern zu den Armen. So war es eben, und für mich, als sechsjähriger Knirps, eine gottgewollte Selbstverständlichkeit, an die es sich nicht lohnte, einen Gedanken zu verschwenden.

Wichtiger war, dass mein Freund Karl bei dem Versuch über den Breitenbach zu springen im Wasser landete. Bis zum Bauch saß er im Wasser, grinste mich an, schüttelte sich wie ein Hund und sang dazu: »Ich bin von Kopf bis Fuß auf Liebe eingestellt...«" und keiner von uns beiden wusste was mit „Liebe" gemeint war.

Noch wichtiger war, dass ich den Sprung trocken, und darum ohne Prügel überstand. Denn nicht selten hörte man damals: »Gut gehauene Steine schließen wie Mörtel aneinander«.

Mit dieser Erziehung waren wir bestens vorbereitet für den späteren Gleichschritt.

Die ersten sechs Jahre meines Lebens waren die eines Jungen, der aus Gründen der Sparsamkeit statt einer Hose, einen Rock tragen musste, wie die Mädchen, aber das war zu dieser Zeit kein Problem.

Wir waren eine kinderreiche und arme Familie, wie viele in dieser Zeit. Wenn wir Kinder morgens geweckt wurden, hatte Mutter oft schon einige Stunden Arbeit hinter sich. Nicht selten war sie schon vor Morgengrauen im Wald, um Holz zu holen, oder Seegras rupfen, das für die Matratzen benötigt wurde.

Vater war Dorfpolizist, Ortsbüttel und Gemeindebote in einer Person. Er war ein stattlicher Mann, und manchmal, wenn er bei besonders festlichen Gelegenheiten seine schwarz lackierte und goldverzierte Pickelhaube trug, sogar respekteinflössend. Meist ging er schon früh aus dem Haus und kam oft erst zurück, wenn wir bereits wieder schliefen.

Irgendwie gehörte unser Vater nicht richtig zur Familie. War er da, stand er nach Mutters Meinung meist nur im Weg, oder er war beschäftigt. Er sägte und schraubte, oder ließ die Sense schwingen. Er war der, der die Fotos von uns machte, war aber auf keinem mit drauf. Er war der einzige im ganzen Haus, der sich nicht fürchtete, allein in den Keller zu gehen. Er leerte die Mausefallen; und ungefähr einmal jede Woche spannte er Mutters durchhängende Wäscheleine wieder straff.

DER FAHRRAD-AUSFLUG MIT DEM VATER

Zum siebten Geburtstag bekam ich eine blaue Arbeitsschürze und die ersten eigenen Schuhe. Auch ein Ausflug mit dem Vater wurde mir versprochen.

Einige Tage danach war es soweit. Mein Vater setzte mich vor sich auf die Fahrradstange, mit der neuen Arbeitsschürze und den eigenen Schuhen. Ich erinnere mich noch heute, an diesen warmen Sommernachmittag. Wir radelten zwischen Feldern und Wiesen, auf denen kniehoch das Gras stand; und ich hatte den Kopf an Vaters Brust gelehnt und hörte ihm zu, wie er Zarah Leanders Schlager „Ich weiß nicht warum ich es tue...“, mit seiner tiefen Stimme gegen den lauen Fahrtwind ansang. Die Zweideutigkeit dieses Textes, sollte mir erst viel später bewusst werden.

Wir fuhren zu einem größeren Bauernhof, der einige Kilometer außerhalb des Ortes lag. Von den Bauersleuten wurden wir herzlich empfangen und ich bekam einen eigenen kleinen Tisch, auf dem mir Brot, Milch und Käse angeboten wurden. Heißhungrig machte ich mich über mein Vesper her.

Unbemerkt von mir, hatte sich mein Vater inzwischen von den Bauersleuten verabschiedet. Er war weg, ohne eine Erklärung, ohne eine Lebewohl, vielleicht geflohen vor seinem eigenen Trennungsschmerz. Nie, in den vielen folgenden Jahren, habe ich den Mut aufgebracht, ihn danach zu fragen.

Ich begriff erst nach Stunden, dass der Bauernhof nun mein neues Zuhause werden sollte und ich als siebenjähriger Knirps mein eigenes Brot verdienen musste.

Der Bauer hat sich nie viel um mich gekümmert. Er war ein großer, immer leicht gebeugter Mann, der manchmal mürrisch Anweisungen gab, oder mit kratziger Stimme vor sich hinschimpfte. Er war Monarchist, aus ganzem Herzen, so war sein Ausrufezeichen hinter jedem Satz die Feststellung: »Bei onserem Kaiser hätt's des et gebba!«

Seine Frau war zwei Köpfe kleiner, stämmig und herrisch. Resolut wischte sie mir mit ihrem schmutzigen Schürzenzipfel die Tränen aus dem Gesicht und erklärte mit knappen Worten, wie mein weiteres Leben aussehen sollte.

Ich bekam einen Raum unter dem Dach. Bevor hier mein wurmstichiges Bettgestell seinen Platz fand, war es der Wäschetrockenplatz.

Zuhause, bei meinen Geschwistern, teilte ich mir ein kleines Schlafzimmer mit fünf Geschwistern und in „meinem" Bett lagen wir oft zu dritt oder viert. Die ersten Wochen in meinem neuen Zuhause, kauerte ich nachts auf meinem Strohsack und starrte angstvoll durch die Löcher zwischen den Dachpfannen in den unendlichen Sternenhimmel. Vergeblich horchte ich in die Dunkelheit und suchte das röchelnde, rhythmische Atmen, oder das leise Scharchen meiner Geschwister. Oft weinte ich mich mit dem Gefühl einer unendlichen Verlassenheit in einen kummerbeladenen Schlaf.

Mit der Zeit gewöhnte ich mich an mein neues Leben. Morgens, gegen fünf Uhr begann meine Stallarbeit. Auf dem Hof gab es neunzehn Kühe, zwölf Schweine und über zweihundert Hühner.

Manchmal, wenn ich den Mist aus den Ställen schaufelte, schliefen die Tiere noch, oder der Hahn spreizte verschlafen die Federn und krächzte mich giftig an. Zu meinen morgendlichen Aufgaben gehörte es auch, die Kühe zu füttern und das Futter für die nächste Fütterung vorzubereiten.

Mein Essen bestand hauptsächlich aus Magermilch und von der Bäuerin gebackenes Brot. Die Vollmilch wurde in der Molkerei abgeliefert; und die Butter bekamen nur die Erwachsenen auf dem Hof.

Als der Winter kam, hängte der Bauer „Rauchfleisch" und geräucherte Würste an den Dachstuhlbalken. Ich lag auf meinem Strohsack und unerreichbar über mir hing das beste Essen.

Mit den Monaten hatte ich mich an meinen einsamen Schlafplatz gewöhnt, aber mit dem Rauchfleisch und den Würsten zogen bei mir nun die Mäuse ein. Nachts, hörte ich sie rascheln und über den Holzboden trippeln; und in mondhellen Nächten sah ich sie über die Dachbalken huschen.

Wieder begannen Nächte, in denen ich ängstlich in die Dunkelheit starrte, bis mir vor Erschöpfung die Augen zufielen.

Nach der Erledigung meiner morgendlichen Pflichten musste ich zwei Kilometer zur Schule laufen. Der Unterricht begann um acht und ging bis zwölf Uhr. Die Bäuerin erklärte mir oft, mit in die Hüften gestützten Fäusten: »Erscht kommt des Tier ond dann dia Schul«. So kam es, dass ich meist zu spät zum Unterricht kam.

An der Schule plätscherte ein kleiner Bach vorbei. Hier wusch ich mir den Dreck von der Stallarbeit von den Händen, die voller Schrunden waren, die sich tief ins Fleisch eingegraben hatten. Dazu kamen für die Verspätungen, beinahe täglich ein paar Tatzen mit dem Meerrohr über die Finger. Manchmal konnte ich vor Schmerzen kaum den Griffel über die Schreibtafel führen.

„Der Stock zwingt den Esel ins Geschirr", war ein geflügeltes Wort und Erziehungsauftrag der Lehrer. So gesehen, war mein Lehrer ein hervorragender Pädagoge. Und ich, nach der verlässlichen Regel, dass es für jeden Stock auch einen Esel geben muss, kam gerade recht als „Prügelknabe".

Während unser Lehrer über die Werte der Französische Revolution referierte saß ich mit schmerzenden Händen und nach Kuhstall riechend in meiner Holzbank. Der Lehrer schlug mit dem Meerrohr auf sein Pult und rief: »Freiheit!« Ein neuer Schlag: »Gleichheit!« und wieder ein Schlag: »Brüderlichkeit!«

Ich saß in meiner Holzbank, betrachtete meine Hände und machte mir so meine Gedanken. Neben mir saß mein Freund, der Sohn des Gutsherrn, der vom Lehrer ein bisschen freier, ein klein wenig gleicher und dank der guten Versorgung mit Lebensmitteln und Einladungen vom Schlossgut, auch etwas brüderlicher behandelt wurde.

Mit der Körpergröße wuchs bei mir auch der Trotz gegen die Ungerechtigkeiten des Lebens. Meine besten Freunde waren der Stammhalter des Gutsherrn, der Sprössling des Bürgermeisters und unser „Propagandaminister", der Klassensprecher. Es war mir ein Leichtes, sie von der Notwendigkeit zu überzeugen, dass die Schule gesprengt werden müsse. Die Begeisterung meiner Kameraden erforderte einen raschen Plan, und so stellte ich mich, gerade zehn Jahre alt, meiner ersten chemischen Herausforderung.

Im Klassenzimmer hatten wir einen Kanonenofen, der mit Koks beheizt wurde und täglich vor Schulbeginn gereinigt und wieder neu angeheizt wurde. Unser Entschluss stand fest, dieser Kanonenofen sollte seinem Namen alle Ehre machen.

Ich glaube, vor uns hatte sich noch niemand freiwillig zum Ofenreinigen gemeldet. Unser Lehrer nahm unser Engagement lobend zur Kenntnis.

Unser Plan erforderte eine sehr männliche Vorgehensweise. Erst mal musste ich meine Stallarbeit eine Stunde vorverlegen. Der Hofhund knurrte mich an, als ich an ihm vorbei schlich; und noch nie hatten mich die Kühe so dämlich angeglotzt, wie in dieser Nacht, als ich ihnen morgens um vier Uhr das Futter brachte.

Noch im Dunkeln traf ich mich mit meinen Freunden vor der Schule. Der Gutserbe hatte jedem eine Zigarre „mit Bauchbinde“ mitgebracht und wir pafften an diesem kalten Morgen unsere ersten Klimmstängel, bis uns die Augen tränten.

Dann begannen wir unsere Sprengladung zu basteln. Wir stopften zu unterst viel Papier in den Ofen. Dann kam eine Lage Koks, mit Benzin übergossen und darauf wieder eine Lage Papier, getränkt mit altem Motorenöl und als letzte Lage eine gehörige Portion Koksstaub. Als der Ofen gestopft war, bauten wir das Ofenrohr ab, verstopften den Abzug und montierten es wieder an den alten Platz.

Das Anzünden des Ofens war Sache des Lehrers, aus Sicherheitsgründen wie er sagte. Um halb Acht war es so weit. Wir standen auf dem Schulhof und warteten auf den Unterrichtsbeginn. Zwanzig Minuten später gab es einen ohrenbetäubenden Krach. Die Fensterscheiben flogen aus den Rahmen und der Unterrichtsraum war schwarz wie ein Kohlenkeller. Vom Kanonenofen waren nur noch Einzelstücke übrig.

Der Lehrer hatte nur ein paar kleinere Schrammen und der Bürgermeister wurde gerufen, um die Absperrung zu veranlassen, den Schaden zu begutachten und zusammen mit meinem Vater, dem Ortspolizisten, den Fall aufzuklären. Zum Glück für uns, blieb der Versuch erfolglos.

Bereits zwei Tage danach war wieder Unterricht. Wir saßen im ungeheizten, schwarzverrußten Klassenzimmer und die Fenster waren teilweise noch mit Pappkarton verschlossen, aber wir vier Kämpfer für die Gerechtigkeit grinsten uns heimlich an und fühlten uns in einer edlen Tat verbunden.

Tatsächlich erinnere ich mich, dass ab diesem Zeitpunkt die Schläge mit dem Meerrohr weniger wurden; und ich hatte den Eindruck, dass unser Lehrer ein neuer, besinnlicher Mensch wurde.

Vielleicht lag das aber auch an der Zeit, die den Menschen veränderte An- und Einsichten brachte. – Seit dem Sommer 1934, nach dem Tode Hindenburgs, war Hitler uneingeschränktes Staatsoberhaupt und Oberster Befehlshaber der Streitkräfte. Geblendet und dessinformiert durch eine zentral gelenkte Propaganda, glaubten viele den Versprechungen und übernahmen die Parolen der politischen Führung.

Der Antisemitismus lieferte die demagogische Formel, die scheinbar alle gesellschaftlichen Missstände erklärte. Nachdem einmal die absurde These durchgesetzt war, dass die Juden an allem schuld seien, genügte es, unerwünschte Ideen, Personen oder Einrichtungen als jüdisch zu brandmarken, um jede Maßnahme gegen sie zu rechtfertigen.

In unserem Mathematik-Schulbuch gab es Rechnungen wie: „Warum erbkranker Nachwuchs verhütet werden muss“: Erbminderwertige Familien haben erfahrungsgemäß eine höhere Kinderzahl als erbgesunde. - Nehmen wir an, es gäbe in einem Land gleich viel erbgesunde (A) und erbminderwertige (B) Ehepaare, von denen die Gruppe A durchschnittlich je drei, die Gruppe B durchschnittlich je fünf zur Heirat gelangende Kinder hätte. Die A-Kinder würden wiederum durchschnittlich je drei, die B-Kinder je fünf Nachkommen haben. In weichem Verhältnis würden die, Nachkommen der beiden Gruppen nach hundert Jahren (- drei Geschlechterfolgen) stehen?

Oder: Ein Geisteskranker kostet täglich etwa 4 RM, ein Krüppel 5,50 RM, ein Verbrecher 3,50 RM. In vielen Fällen hat ein Beamter täglich nur etwa 4 RM, ein Angestellter kaum 3,50 RM, ein ungelernter Arbeiter noch keine 2 RM auf den Kopf der Familie.

Stelle diese Zahlen bildlich dar. – Nach vorsichtigen Schätzungen sind in Deutschland 300 000 Geisteskranke, Epileptiker usw. in Anstaltspflege. Was kosten diese jährlich insgesamt bei einem Satz von 4 RM? Wie viel Ehestandsdarlehen zu je 1 000 RM könnten - unter Verzicht auf spätere Rückzahlung - von diesem Geld jährlich ausgegeben werden.

Ich erinnere mich an einen Besuch in der Kreisstadt. An der Schaufensterscheibe eines kleinen Krämerladens klebte ein großes gelbes Plakat: Deutsche, wehrt Euch! Kauft nicht bei Juden!

Wehren? Gegen wen denn, gegen den Ladenbesitzer, den alten, zittrigen Herrn Gütermann, der aus dem Ersten Weltkrieg das Eisernes Kreuz Erster Klasse und ein Holzbein mitgebracht hatte und sich nur mühsam bewegen konnte? Ich staunte und vergaß.

Im Spätherbst 1937 interessierte mich das alles „noch“ nicht; und keiner meiner Schulkameraden ahnte das Kommende, oder hatte gar ein schlechtes Gewissen, wenn er beim Cowboy und Indianer spielen rief: »Peng! Ich habe dich getroffen, du bist tot!«

Einige Wochen vergingen. Im Klassenzimmer roch es nach frischer Farbe und die Fenster waren wieder verglast, da kam der Bürgermeister und mein Vater in die Schule; und wir vier „Täter“ wurden „verhaftet“ und zum Rathaus gebracht.

Ich versuchte von meinem Vater zu erfahren, wer uns verpfiffen hätte. Aber er packte mich nur am Kragen und schüttelte mich, dabei sang er den neuen Schlager von Zarah Leander: »Der Wind hat mir ein Lied erzählt...« und um seine Augen kräuselten sich feine Lachfältchen.

Im Rathaus gab es eine Arreststube, hauptsächlich für durchwandernde Handwerksburschen, die hier kleine Vergehen abbüßten. Hier sollten wir eingesperrt bleiben, bis wir geständig und reuig wären.

Eine Ewigkeit von fast zwei Stunden verging, da kam meine Mutter und brachte uns Suppe. Sie wischte sich die Hände an ihrer Schürze ab, baute sich vor uns auf und musterte uns kritisch. Ich sehe sie noch dastehen, mit zwei steilen Falten zwischen den Augen. Als sich unsere Blicke trafen, schüttelte sie vorwurfvoll den Kopf, dann erkannte sie den Sohn des Gutsherrn. Sie schlug die Hände vor dem Gesicht zusammen, rief: „Gott, oh Gott, oh Gott!" und rannte schnurstracks zum Schloss. Kaum eine halbe Stunde später, jeder von uns mit einem Rucksack voll mahnender Worte beladen, durften wir gehen.

Aus der schändlichen Gefangenschaft befreit, wurden wir von unseren Klassenkameraden jubelnd empfangen. Von da an, waren wir die Helden der Schule. Vor allem die Mädchen haben uns bewundert.

Mit dem neuen Schuljahr wurde unser Lehrer versetzt und wir bekamen eine Lehrerin. Ich glaube, sie war meine erste große Liebe. Wo unser Lehrer brüllte, erklärte sie ruhig und verständlich. Wo es zuvor Prügel gab, ermahnte sie nur; und wo wir uns früher vor jeder Aufgabe drückten, flogen nun die Arme nach oben, wenn Freiwillige gesucht wurden. Schon am zweiten Schultag hatte sie von unserem „Sprengstoffanschlag" erfahren, danach war ich für sie nur noch der „Kleine Chemiker".

Obwohl zwischen dem Bauerhof, auf dem ich lebte und arbeitete, und meinem Elternhaus nur wenige Kilometer lagen, habe ich meine Eltern und Geschwister nur ganz selten gesehen.

Die Jahre vergingen. Oft hatte ich Heimweh und sehnte mich nach einer Umarmung meiner Mutter, oder auch nur nach einem strengen Wort meines Vaters. Nur einen Tag, ein paar Stunden oder einen Abend, nach der Arbeit, wollte ich sie besuchen.

Wenn ich bei der Bäuerin das Thema anschnitt, wurde die kleine, stämmige Frau zu einer herrischen Furie. Mit Ihren Geschichten von bösen Hexen und grausamen Nachtgespenstern gelang es ihr immer wieder, mir solche Angst einzujagen, dass ich mich nicht mehr aus dem Haus wagte.

KRIEGSZEIT

1938 wurde ich als „Jung-Pimpf“ in das „Jungvolk“ aufgenommen. Am 19. April, einen Tag vor Hitlers Geburtstag, so war es bereits seit 1936 Brauch.

Endlich konnte ich mein Knechtdasein auf dem Bauernhof für ein paar Stunden verdrängen. An den Heimabenden des Jungvolks konnte ich mit anderen Jungs spielen, Sport treiben und manchmal „durften“ wir auch exerzieren. Wir sangen: „Wildgänse rauschen durch die Nacht...“ und ich, im Stimmbruch, krächzte: „...und fahr'n wir ohne Wiederkehr, rauscht uns im Herbst ein Amen.“

Für mich war es eine schöne Zeit und im Jahr darauf wurde ich als “Fähnleinführer“ auserwählt, das hieß für mich mehrere Stunden weg, von der schweren Bauernhofarbeit.

Am 1. September 1939 begann der Krieg gegen Polen. Zwei Tage danach lösten England und Frankreich ihre Verpflichtungen gegenüber Polen ein und erklärten Deutschland den Krieg. Ich hörte von der Kriegserklärung beim Kartoffelwaschen und freute mich, endlich sah ich eine Chance der Arbeit auf dem Bauerhof zu entfliehen.

1940 begann die Luftschlacht um England. Nach dem Verlust von über 2 200 deutschen Flugzeugen wurde der Luftkrieg gegen England im Frühjahr 1941 eingestellt, der Invasionsplan war bereits Ende 1940 wieder aufgegeben worden. Nach den erfolgreichen „Blitzkriegen" war dies die erste Niederlage Hitlers.

Auch in der Heimat wurde der Krieg spürbarer. Die Lebensmittel wurden rationiert und Lebensmittelkarten eingeführt. Für Bekleidung und Schuhe mussten auf der Bürgermeisterei Bezugsscheine beantragt werden.

Ich wurde in diesem Jahr in die Hitlerjugend (HJ) aufgenommen und durfte an Spezialausbildungen in HJ-Lagern teilnehmen. Nun vermischte sich meine Schul- und Ausbildungszeit mit vormilitärischen Aufgaben in der HJ-Führerschule. Meine Zeit auf dem Bauerhof war damit endgültig beendet und ich wohnte an meinen freien Tagen wieder bei meiner Familie.

Ich war gerade vierzehn und bestens angepasst und vorbereitet auf den Ehrendienst für mein Vaterland. Der Volksempfänger vermeldete Sieg um Sieg der glorreichen, großdeutschen Armee und ich wünschte mir dazuzugehören. Ich fühlte mich berufen und kein anderer Beruf stand für mich mehr im Vordergrund. Nach der nun geltenden Ausbildungsordnung wurden wir für eine besondere Führungsrolle vorbereitet. Bald, war ich der beste Schütze in der Gruppe und wurde als Ausbilder für Neuzugänge eingeteilt.

Ich, der Knecht, durfte führen und befehlen. Da gab es keine Bedenken, keine Kritik und kein väterliches Mahnen, nur Überzeugung und Begeisterung.

Es gab einen streng nationalistischen Unterrichts- und Lehrplan. Die Themenbereiche Auslandskunde und Bevölkerungspolitik standen im Vordergrund und ich erinnere mich an das Hauptthema „Neue Ostpolitik". Seit 1933 sprach Hitler ununterbrochen von der Eroberung von Lebensraum im Osten", hier sollte die Zukunft des Herrenvolkes liegen.

Besonders wichtig war für mich die Kameradschaft bei den Heimatabenden oder nächtlichen Campingtreffen am offenen Feuer. Ich war anerkannt, hatte den Geruch nach Kuhstall und Mist hinter mir gelassen und ich gehörte dazu. Ich fühlte mich glücklich, obwohl ich nicht so genau wusste, wozu.

Am 22. Juni 1941 begann der Krieg gegen die Sowjetunion. Er war als Vernichtungskrieg geplant und wurde als solcher geführt, gegen die Juden und gegen die einheimische Bevölkerung insgesamt. Die vom deutschen Angriff völlig überraschten sowjetischen Truppen zogen sich unter erheblichen Verlusten weit zurück.

Ende 1941 waren das Baltikum, Weißrussland und große Teile der Ukraine besetzt. Anfang Dezember brachten eisige

Temperaturen von über minus 40 Grad Celsius den Angriff kurz vor Moskau vollständig zum Erliegen. In Erwartung eines Blitzsieges war die Mehrheit der deutschen Verbände nicht mit Winterkleidung und wintertauglicher Rüstungstechnik ausgestattet. Die Ausfälle von Erfrierungen überstiegen die Kampfverluste. Bereits Ende 1941 hatte die Wehrmacht mit über 200 000 Toten und 620 000 Verwundeten gewaltige, kaum zu kompensierende Verluste zu beklagen. Bis Mai 1945 waren es knapp 3,5 Millionen deutsche Soldaten, die an der Ostfront ihr Leben ließen.

Eine neue Offensive begann im Sommer 1942 zunächst erfolgreich. Ihr Ziel waren die Ölfelder im Kaukasus und das strategisch wichtige Stalingrad.

Der Vorstoß in den Kaukasus und zum Don führte zu einer Überforderung der deutschen Truppen und schließlich zur Einschließung im Kessel von Stalingrad und Gefangennahme der 6. Armee unter General Friedrich Paulus. Die Wehrmacht verlor entgültig den von der NS-Propaganda beschworenen Nimbus der Unbesiegbarkeit.

Der Soldatensender Belgrad strahlte den bekanntesten Schlager des Dritten Reiches aus, eigentlich ein Remake aus dem Ersten Weltkrieg: „Vor der Kaserne - Vor dem großen Tor - Stand eine Laterne - Und steht sie noch davor - So woll´n wir uns da wieder seh´n - Bei der Laterne wollen wir steh´n - Wie einst Lili Marleen."

Die militärische Offensive war an allen Fronten längst zum Stehen gekommen und große Truppenteile waren in Rückzugsgefechte verwickelt. „Taktische Frontverkürzung" wurde zu einem immer öfter gebrauchten Begriff.

Den Frontsoldaten wurde Hoffnung verkauft und in der Heimat verbreiteten die Volksempfänger weiter Erfolgsmeldungen und Optimismus. Ilse Werner pfiff: „Wir machen Musik, da geht euch der Hut hoch". Die Schlagertexte ließen keine Zweifel aufkommen und gaukelten eine heuchlerische Normalität vor. – In der Nacht war der Mensch auch damals nicht gerne alleine und einen Seemann konnte das sowieso alles nicht erschüttern, er wusste wie alle damals, es wird einmal ein Wunder geschehen. Für eine Nacht voller Seligkeit gab man alles hin und kaufte sich 1943 auch noch einen bunten Luftballon, um mit ihm davonzufliegen, während Churchill und Roosevelt bereits im Januar siegesgewiss die bedingungslose Kapitulation Deutschlands forderten.

Unsere Ausbildung wurde immer härter. Besonders der Felddienst, mit Tornister, Kleinkaliber-Gewehr und Gasmaske, beanspruchte uns bis an die Grenze der Erschöpfung. Dazu kam der „Ordnungsdienst“ mit stundenlangem Exerzieren: »Antreten in Linie, in Marschkolonne zur Reihe und wieder zurück« dazwischen „zur Auflockerung“ die Kommandos: »Bis zum Horizont, marsch, marsch« und »Volle Deckung«. Geübt wurde auch richtiges Grüßen, hin und wieder auch der Parademarsch mit „Blickwendung“ und Übergang von „Stampfschritt“ zum „Stechschritt“.

Zu meiner Begeisterung gesellte sich fast unmerklich eine starrköpfige Siegesgewissheit und trotzige Verteidigungsbereitschaft.

Am 18. Februar 1943 proklamierte Reichspropagandaminister Joseph Goebbels in seiner Sportpalast-Rede den „Totalen Krieg“.

Wenige Tage später wurde meine Gruppe zum Arbeitsdienst nach Oldenburg abkommandiert. Der Oldenburger Fliegerhorst, während den Kriegszeiten mit dem Decknamen „Kumpel“ versehen, lag in dieser Zeit unter ständigem Beschuss englischer Tiefflieger. Die Start- und Landebahn sah aus wie ein Flickenteppich und glich an manchen Tagen einem umgepflügten Kartoffelacker. Die Lager des Flugpersonals und die für uns vorgesehenen Unterkünfte, waren zerstört. Wir wurden in Erdschutz-Unterständen einquartiert.

Zu unseren Hauptaufgaben gehörte die regelmäßige Ausbesserung der Rollbahnen und die Unterkünfte wenigstens provisorisch wieder bewohnbar herzurichten. Daneben war uns vierzehn-, fünfzehnjährigen Pimpfen die makabre Aufgabe zugewiesen, die fast täglich zu beklagenden Verwundeten und Toten zu bergen. Wenn wir in manchen Stunden kameradschaftlich zusammensaßen, hockte plötzlich ein neuer Begleiter zwischen uns, die Angst.

Meine Begeisterung hatte der Bewunderung für die fliegenden Helden Platz gemacht.

An einem der noch kühlen Abende, saß ich im Kreis meiner Kameraden, einigen Mechanikern und einem Piloten. Ich mochte den Flieger, er war Leutnant und wie ich später erfahren habe, gerade mal dreiundzwanzig. Er hatte noch kaum einen Bartwuchs und wirkte sehr jung. Nur manchmal, wenn er in seiner emotionslosen Art erzählte, wurde sein Mund verkniffen und zwischen den verträumten Augen entstanden tiefe Falten. Wir hatten sein Flugzeug mit Munition beladen und mit Bomben bestückt und bestaunten nun die Geschichten der erfahrenen Kämpfer.

Plötzlich zeriss ein schriller Heulton die abendliche Stille. Alarmstart. Wie ein zu schnell ablaufender Film, entwickelte sich eine organisierte Betriebsamkeit. Unser Pilot war der erste, der zu seiner Maschine rannte. Wir sahen ihn in seine Maschine steigen und uns noch zuwinken. Dann röhrten die Motoren auf und das Flugzeug beschleunigte rasant. Fast am Ende der Rollbahn hob es schwerfällig unter dem Gewicht seiner Bombenlast ab und zog langsam in den Nachthimmel. Im Steigflug begriffen, zwang der Pilot die Maschine in eine weitausholende Rechtskurve. Fast über unseren Köpfen glaubte ich ein kurzes, grüßendes Wippen der Flügelspitzen zu erkennen, als das Flugzeug in einem ohrenbetäubenden Krach als Feuerball am Himmel explodierte.

Noch in der Nacht mussten wir die Flugzeugteile und die Leichenteile einsammeln. Die meisten Teile waren noch so heiß, dass sie nur mit Zangen und Handschuhen angefasst werden konnten. Als ich ein Stück in die Hand nahm fühlte ich noch die Wärme von Menschenfleisch, es war der Arm des eben noch bei uns sitzenden Kapitäns. Vielleicht die Hand, die uns zum Abschied zugewinkt hatte.

Der Leutnant war der erste Tote in diesem Krieg, den ich

kannte und dessen Sterben ich so bewusst und betroffen erlebt habe.

Im Juli 1943 waren die Engländer und Amerikaner In Sizilien gelandet und hatten eine neue Front eröffnet. Seit Frühsommer legten alliierte Bomberverbände deutsche Städte auch bei Tage in Schutt und Asche. Die Luftangriffe prägten das Alltagsleben der Zivilbevölkerung in Deutschland. Anfang August begann die Evakuierung Berlins, bis Ende des Jahres verließen über 700 000 Einwohner die Reichshauptstadt.

Nach dem Ende des Arbeitseinsatzes in Oldenburg musste ich zurück auf die HJ-Führerschule und meine Ausbildung im HJ-Lager fortsetzen. Bereits am ersten Ausbildungstag erhielt ich für den Einsatz ein Leistungsabzeichen. Bei der Überreichung der Auszeichnung stand ich da, mit durchgedrücktem Kreuz und stolz geschwellter Brust. Vor mir baute sich ein hochdekorierter Offizier auf und schaute uns, einem nach dem anderen, in die Augen. Dann erklärte er mit fester Stimme, wie stolz er auf uns wäre und dass das Vaterland uns bräuchte. – Deutschland brauchte mich? - Ich wäre aus dem Stahl geschmiedet, der Führernaturen eigen war, hörte ich. Ich müsse mich sofort freiwillig zum Militäreinsatz melden, weil ich wichtig wäre. Und ich fühlte mich gebraucht und wichtig. – Am Nachmittag habe ich die bereits vorbereiteten Meldeformulare mit meiner noch kindlichen Schrift unterschrieben, wie ausnahmslos alle meine Kameraden.

DER STELLUNGSBEFEHL

Wochen später, am 11. März 1944, an einem Samstagmorgen, saß meine Mutter weinend am Küchentisch und murmelte immer wieder, ganz so als würde sie beten: »Nein, bitte lieber Gott, lass es nicht wahr sein, bitte nicht meinen Michael«. Vor ihr lag ein Schreiben des Wehrkommandos, meine Einberufung zum Militär. Am vierten April hatte ich mich beim Panzerbataillon in Böblingen zu melden.

Ich freute mich und meine Mutter weinte. Sie weinte um meinen Bruder und meinen Schwager, die beide wenige Monate vorher im Russlandfeldzug gefallen waren und sie weinte um mich; und darum verstand ich sie nicht, denn ich war doch wichtig und wurde gebraucht.

Der 04. April 1944, war ein Dienstag. Die Morgensonne schwamm auf grauen Regenwolken. Pünktlich um sechs Uhr stieg ich in Altenstadt/Iller in den Zug, der mich über Ulm und Stuttgart nach Böblingen bringen sollte.

Ich war Soldat, zwar noch in Zivilkleidern, aber über diese Kleinigkeit sah ich großzügig hinweg, denn in meiner Hosentasche knisterte das Papier meines Stellungsbefehls. In vier, spätestens fünf Stunden, trug ich endlich meine Uniform, das Ehrenkleid der Nation, und meine Zivilkleider bekamen ihren Platz bei den Mottenkugeln in meinem Pappkoffer.

Der erste Halt war in Ulm an der Donau geplant. Zwanzig Kilometer vor Ulm gab es Fliegeralarm und wir erreichten unser Ziel erst mit zwei Stunden Verspätung. Um 14:30 Uhr ging es endlich weiter Richtung Stuttgart. In der Nähe von Plochingen kam der nächste Fliegerangriff. Tiefflieger griffen uns an und schossen auf alles was sich bewegte. Ich lag unter dem Waggon auf dem Bauch, das Gesicht in die Armbeuge gedrückt und unfähig mich zu bewegen.

Ich hörte das Pfeifen der Maschinengewehrsalven und das helle Zirpen, wenn die Kugeln auf Metall trafen und ich erinnerte mich an den Offizier im HJ-Lager, wie er mir in die

Augen blickte und sagte: »Du bist aus dem Stahl geschmiedet, der Führernaturen eigen ist.« Nun, so in Zivilkleidern, im Dreck zwischen den Gleisen, war ich ja eigentlich noch kein richtiger Soldat; und so blieb ich liegen, bis der Schaffner Entwarnung brüllte.

Gegen 21 Uhr erreichten wir endlich Böblingen. Nach meinem vier Wochen alten Stellungsbefehl hatte ich mich bei einem Panzerbataillon zu melden, aber als ich ankam, war das Bataillon bereits verlegt. Ich wurde zu einer Granatwerfereinheit nach Horb weiterkommandiert. Nach einer kurzen Ausbildung wurde die Einheit an die Ostfront verlegt und ich wurde zur Offiziersschule nach Potsdam bei Berlin abkommandiert.

Alle Fronten verschoben sich in dieser Zeit in Richtung Deutsches Reich. Die deutsche Bevölkerung zweifelte zunehmend an dem unermüdlich propagierten „Endsieg". Die militärische Situation konnte weder von den als „Wunderwaffen" angekündigten V-Raketen noch vom verzweifelt einberufenen Volkssturm verbessert werden.

Das gescheiterte Attentat vom 20. Juli 1944 auf Hitler verschärfte den innenpolitischen Terror durch die Geheime Staatspolizei (Gestapo); Hunderte verhafteter und ermordeter Offiziere waren für die Wehrmacht nicht mehr zu ersetzen.

Die sowjetische Frühjahrsoffensive 1944 auf einer Breite von 1 100 Kilometern endete mit der Rückeroberung der Krim und der restlichen Ukraine. Die Sommeroffensive konzentrierte sich gegen die Heeresgruppe Mitte, die innerhalb von vier Wochen 28 ihrer 40 Divisionen verlor. Durch einen gewaltigen Einbruch in die deutsche Mittelfront stieß die Rote Armee Richtung Ostpreußen und Weichsel vor.

Zwei Tage vor meinem siebzehnten Geburtstag, am 06. Juni 1944, fand die alliierte Invasion in der Normandie statt. Nun stießen auch von Westen 1,5 Millionen Soldaten unaufhaltsam Richtung Deutschland vor.

Nach meiner Ausbildung zum Offiziersanwärter bekam ich meinen Einsatzbefehl an die Ostfront. Von der Kriegsschule auf dem Brauhausberg hatten wir einen schönen Blick auf Potsdam. Aber nach Wochen anstrengender Ausbildung bekamen meine Kameraden und ich am Vorabend der Abfahrt das erste Mal Ausgangserlaubnis.

Auf dem Rückweg in die Kaserne, begegnete ich mit meinen beiden Freunden dem Kommandeur der Offiziersschule, in Begleitung seiner sechzehnjährigen Tochter. Wir wollten die Straßenseite wechseln, aber er hatte uns bereits gesehen und uns zu verstehen gegeben, dass wir zu ihm kommen sollten. Stramm bauten wir uns vor ihm auf und grüßten, aber er winkte ab und legte mir seine Hände auf die mit dem verschnörkelten „KSP" der Kriegsschule verzierten Schulterklappen. Zu seiner hübschen Tochter gewandt sagte er: »Kieck ma, Eveline, hier siehste die Rettung von det jroßdeutsche Reich!« Eveline, schaute uns kichernd der Reihe nach an. Mir schien sie einen Wimpernschlag länger in die Augen zu blicken und wer konnte es mir verübeln, dass mein Pulsschlag davon galoppierte, wie eines unserer Ausbildungspferde nach einem Hornissenstich.

»Männeken, wie alt biste denn«, holte mich die Stimme des Kommandeurs in die Wirklichkeit zurück. Ich antwortete, dass ich gerade siebzehn wäre und wir am nächsten Morgen an die Ostfront verladen würden. Er schüttelte nachdenklich den Kopf und lud uns spontan ein, mit ihm nach Hause, in die Luisenstraße 14, zu kommen. Hier wurden wir von seiner Frau wie Freunde empfangen und von ihr und Eveline bewirtet.

Wir waren gerade in die Kaserne zurück gekehrt, als der Befehl zur Verladung der Einheit kam. Für unsere schweren Granatwerfer und die Pferde standen eine dampfende Lokomotive mit einer endlosen Schlange von Viehwaggons bereit. Während wir beim Verladen waren kam ein Kurierfahrer und brachte mir die Nachricht, dass ich mich „noch schnell" bei der Familie des Kommandeurs in der Luisenstraße melden solle.

Mir war nicht klar, ob ich mich vom Bahnhof entfernen durfte. War es ein Befehl, oder war es nur eine private Geste der Familie? Ich beschloss das Risiko einzugehen und wurde dafür mit einem großen Paket und einem Blumenstrauß belohnt. Wie ein Familienangehöriger wurde ich umarmt und von Eveline mit einem Küsschen verabschiedet. - Es war der erste Kuss in meinem Leben.

Als ich aufgeregt und beschwingt am Bahnhof ankam, war meine Einheit bereits verladen und nun saß ich im Stroh zwischen den Pferden im Güterwagen und fuhr in Richtung Osten.

Meine Freunde drängten mich das Paket zu öffnen. Wir machten es gemeinsam auf und fanden eine Flasche Schnaps, Zigaretten und Schokolade. Da ich keinen Alkohol trank und auch nicht rauchte, blieb mir die Schokolade. Ganz unten im Paket fand ich ein Briefchen von Eveline. Sie schrieb, „Lieber Michael... ich wünsche Dir eine gesunde Heimkehr... alles Liebe, Eveline." Um ihren Namen hatte sie ein kleines Herzchen gemalt.

Zwischen meinen lärmenden Kameraden und den schnaubenden und scharrenden Pferden flüsterte ich leise: »Eveline« und ihr Namen klang wie Musik. Evelines Briefchen begleitete mich im Krieg, in der Gefangenschaft und bis ich wieder zu Hause war. In manchen Nächten habe ich Briefe an Eveline geschrieben, aber nie den Mut gefunden einen davon abzuschicken.

Später habe ich erfahren, das ihr Haus in der Luisenstraße nach einem Bombenangriff ausgebrannt war. - Und plötzlich lag Potsdam in der Ostzone, danach in der Deutschen Demokratischen Republik und dann gab es die Mauer und das Verdrängen der Erinnerungen und schließlich das Vergessen.

Unsere Fahrt wurde immer wieder von Flugzeugangriffen unterbrochen. Die Pferde wurden zunehmend nervöser. Durch die Schlitze in den Bretterwänden der Waggons strömte eiskalte Luft, die den unerträglichen Gestank nicht vertreiben konnte. Draußen zog eine eintönige Landschaft vorbei, die sich Stunde um Stunde unter einer höheren Schneedecke versteckte.

Am vierten Tag wurden wir mit unseren Granatwerfern und Pferden direkt an der Front ausgeladen. In unseren weißen Schneeanzügen waren wir getarnt, aber unsere Pferde waren ungeschützte Ziele. Bereits bei der Entladung wurden die ersten Tiere erschossen.

Als die Waggontüren aufgerollt wurden stahl sich eine bleiche Morgensonne durch die tiefstehenden Wolken. Es schneite in dicken Flocken. Trotzdem waren die russischen Schlachtflugzeuge aktiv wie am hellklaren Tag. Sie mussten unseren Ausladebahnhof gekannt haben, denn der erste Anflug wurde sauber auf das Gleis geflogen, auf dem wir mit dem Ausladen begonnen hatten. Die Bomben rauschten herab, detonierten schnell hintereinander und nur wenig Meter hinter den Waggons zwischen den Gleisen. Splitter klirrten gegen die Panzerung. Artilleriefeuer mischte sich ein, das „Rrattschbumm" der russischen Geschütze wurde hörbar, und die Einschläge näherten sich schnell. Aus einem nahen Wald bellten wütend unsere Flakvierlinge und die 8,8-cm-Geschütze in den Himmel, ohne die abziehenden Schlachtflugzeuge zu treffen.

Ich war als Zugführer eingeteilt und bemühte mich Ordnung zu schaffen. Die verbliebenen Pferde waren verstört und ließen sich nur widerwillig in die Geschirre zwingen. Es galt uns selbst und unsere Grantwerfer so schnell wie möglich aus dem Zielbereich des russischen Angriffs zu bringen. Sanitäter kümmerten sich um unsere verletzten Kameraden und ich hatte zwei Mann befohlen sich um die verletzten Pferde zu kümmern. Ich beobachtete, wie sie sich zwischen die Tiere knieten, wie sie zärtlich über die schnaubenden Nüstern streichelten, dann kam der kurze, scharfe Pistolenschuss und beendete das Leiden.

Viele unserer Pferde waren ausgefallen und mussten in den nächsten Tagen durch beschlagnahmte Bauernpferde ersetzt werden, um unsere Werfer in die Stellungen zu bringen.

Während wir uns mühsam durch den Schnee kämpften. Wurden wir wiederholt von Tieffliegern angegriffen. Beim ersten Anflug rannten einige von uns zum nahen Wald, ich warf mich zu Boden und rollte in den Straßengraben. Als ich aufblickte sah ich Alois, einen Bayern aus dem Nachbarzug, mit winkenden Armen in der Mitte der Straße stehen. Er lachte über das ganze Gesicht und brüllte: »He, seids ihr blöd! Des san doch di onseren!« Tatsächlich erkannte ich zwei Messerschmitt-109-Jagdflugzeuge. An den Seitenflächen prangte das deutsche Balkenkreuz. Plötzlich kippten die Maschinen über die Flügel ab und stürzten mit rasender Geschwindigkeit auf uns zu. Hinter einander flogen sie dicht über der Straße. Mit ihrer Spannweite von 9,90 Meter deckten sie die ganze Straßenbreite ab. Dann mischte sich in das Dröhnen der 1 100 PS starken Daimler-Benz-Motoren das Tackern der Bord-MG's und die 20 mm-Geschosse stanzten eine Mittellinie in die Straße, mitten durch Alois. Er fiel vornüber und lag seitlich auf dem Gesicht, als würde er zu mir herübersehen. Auf seinem Gesicht stand noch immer das Lachen, nur in seinen offenen Augen war ein starres Staunen. Von den Russen erbeutete Flugzeuge hatten dieses Erstaunen verursacht.

In den nächsten Wochen verging kaum ein Tag ohne Gefechte. Langsam lernte ich den heranfliegenden Tod an seinen Geräuschen zu erkennen. Das Rauschen von Bomben und das berstende Dröhnen. Das Brüllen einer Salve, das dumpfe Grollen der Einschläge und das helle Echo der Bordfeuerwaffen. Das Röhren der Werfer, das Zischen von Artilleriefeuer und das abgehackte Bellen der Luftabwehr. Nachts brummten die Flugzeuge der Russen mit ihrer Bombenlast über uns in Richtung Westen. Nicht die Nähmaschinen mit ihrem Geklapper, sondern die schweren Maschinen, die man bereits von fern hörte. Und dazwischen waren die Schreie, das Wimmern und Stöhnen verletzter oder sterbender Kameraden. Geräusche, die sich unauslöschlich in mein Unterbewusstsein eingruben.

Eine erneute schneereiche Januarnacht hatte auf unserem Schneemessstab die Metermarkierung verschluckt. Bereits in den frühen Morgenstunden wurden unsere Stellungen von Tieffliegern unter Beschuss genommen. Den Angreifern aus der Luft folgten am Boden russische Panzer. Ich erteilte die notwendigen Befehle und es gelang uns, aus allen Rohren feuernd, die Angreifer abzuwehren.

Unsere Pferde scheuten vor dem ohrenbetäubenden Lärm. Ich wollte einem der Pferdeführer zu Hilfe kommen, als seine Pferde durchdrehten. Eines der Pferde stand auf den Hinterbeinen und keilte mit den Vorderbeinen wild um sich. Ich übernahm die Zügel und zog den Kopf des Pferdes nach unten. Beim Hochschauen sah ich ein brennendes Flugzeug direkt auf uns zustürzen. Ich sah die Lichtblitze aus dem Bordmaschinengewehr zucken, als wollte der Pilot die ganze Welt mit sich in den Tod reißen, dann wurde alles still um mich.

Wie mir später erzählt wurde, ist das Flugzeug auf die Pferde gestürzt. Ein Pferd wurde durch die Tragfläche des Flugzeuges in der Mitte geteilt und einem weiteren Pferd wurde der Kopf abgetrennt. Ich wurde von einer Kugel am Kopf getroffen und lag bewusstlos und blutüberströmt im tiefen Schnee.

Als ich nach Tagen mit schlimmen Schmerzen in einer Scheune erwachte, war mein Kopf vollständig eingebunden, bis auf die Augen und einer kleinen Öffnung am Mund, so dass ich noch Flüssigkeit zu mir nehmen konnte.

Ich war immer nur kurze Zeit bei Bewusstsein. Jedes Erwachen war ein Schock und die Schmerzen brachen mit brutaler Gewalt über mich herein. Der Schmerz trommelte auf meinen Nerven und mein Blut hämmerte eine dumpfe Begleitmusik. Dann wurde mir wieder schwarz vor Augen und die Bewusstlosigkeit befreite mich von den Schmerzen.

Erst nach zwei Wochen Scheunen-Lazarett wurde mir mitgeteilt, dass ich einen Kopftreffer abbekommen hatte. Der obere Teil meines Gaumens war zerfetzt und alle oberen

Zähne waren weggerissen. Bei der Vorstellung befiel mich eine panische Furcht, die sich bei jedem neuen Erwachen in mir festkrallte. Mein Gehirn stemmte sich gegen den drohenden Wahnsinn. Und ich fand den Weg, den einzig möglichen - ich betete. Wort für Wort schrie ich lautlos das Vaterunser in die Stille der Nacht. Und plötzlich war da meine Mutter über mich gebeugt und streichelte zärtlich über mein fiebriges Gesicht. Und ich hörte ihre Stimme: »Schlaf meine lieber Junge, schlaf.«

Nach dieser Nacht begann ich mich langsam zu erholen. Ich wurde von der Hauptkampflinie in die Etappe verlegt. Während ich wieder Kräfte sammelte, drang die Rote Armee über Rumänien und Bulgarien bis nach Jugoslawien und Ungarn vor.

In den Wintermonaten 1944/45 hatte der unaufhaltsame Vormarsch der Roten Armee begonnen. Das Propagandabild vom Bolschewisten und die Grausamkeiten sowjetischer Soldaten an deutschen Zivilisten, lösten eine Massenflucht der deutschen Bevölkerung aus Ostpreußen, Pommern und Schlesien in das westliche Reichsgebiet aus.

Bald glaubte ich mich soweit erholt, dass ich mich freiwillig als Ausbilder für den Volkssturm in Potsdam meldete. Hitler hatte bereits am 18. Oktober 44 zur Bildung des Volkssturms aufgerufen. Da ich noch immer nur flüssige oder breiige Nahrung zu mir nehmen konnte, überstieg die Ausbildungstätigkeit bald meine Kräfte. Mir wurden sechs Tage Heimaturlaub genehmigt, mit der Auflage, mich zur Behandlung meiner Verletzung sofort bei einem Spezialisten in der Nähe meines Heimatortes zu melden.

Bereits im Zug von Potsdam nach Berlin gab es erste Schwierigkeiten. Ich saß in einer Ecke im Abteil, noch immer mit dem Kopfverband vermummt, als mich zwei Männer der Waffen-SS ansprachen. Beide hatten an Ketten befestigte Schilder mit der Aufschrift der W-M-Kontrolle. Sie forderten mich auf, ihnen zu folgen und ich wurde stundenlang verhört. Sie verdächtigten mich mit falschen Papieren zu reisen und meine Verletzung nur vorzutäuschen. Der Verdacht verstärkte sich noch, als Ihnen bei einem Anruf in meiner Stammeinheit in Potsdam irrtümlich bestätigt wurde, dass Michael Erhardt, vermisst - oder nach Aussagen Überlebender wahrscheinlich gefallen wäre. Erst nach langen Stunden fand sich ein Offizier, der meine Identität beglaubigen konnte. Mit reichlicher Verspätung konnte ich meine Fahrt fortsetzen.

Die Reise von Berlin nach Ulm wurde immer wieder von Luftangriffen oder defekten Gleisanlagen unterbrochen. Als ich endlich zu Hause ankam, waren bereits vier Tage meines Urlaubs verstrichen. Nach einigen Stunden „Heimaturlaub", in denen ich mit meinem Kopfverband nur Schrecken verbreitete und bei meiner Familie Tränen und Sorgen auslöste, machte ich mich wieder auf die Rückreise. Nach der ersten Station wurde ich erneut von der Militärpolizei aus dem Zug geholt und in ein Lazarett gebracht. Die Militärpolizisten drängten darauf, zu sehen was sich unter meinem Verband befand. Sie waren mit mir im Behandlungszimmer, bis mir der letzte Fetzen Verbandsmull vom Gesicht gelöst wurde. Ich sah noch, wie sie bleich wurden und heftig zu schlucken begannen, dann stürzten sie aus dem Behandlungszimmer und blieben verschwunden. Mein neuer Kopfverband wurde soweit verkleinert, dass ich eine Mütze, oder im Notfall einen Stahlhelm aufsetzen konnte.

Zurück in Potsdam wurde mein oberer Gaumen mit einem Wundgebiss repariert. Nun konnte ich zwar besser sprechen und endlich auch wieder dickere Suppe essen, aber Schmerzen hatte ich immer noch; und auch beißen konnte ich noch nicht.

Mit meinem zusammengeflickten Kopf konnte ich mich nirgends sehen lassen. Einer meiner Kameraden meinte: »Michael, mit deinem Gesicht, musst du aufpassen, dass du nicht wegen Wehrkraftzersetzung verhaftet wirst.«

Diese scherzhafte Bemerkung verstärkte mich in meinem

Wunsch zurück an die Front zu kommen. Was ich auf keinen Fall wieder machen wollte, war Männer zum Volkssturm auszubilden. Männer, die alle meine Väter, ja sogar Großväter hätten sein können. Unter meinen Frontkameraden war das Aussehen nicht so wichtig, dort zählte nur Laufen und Schießen. Meine Vorgesetzten hielten mich zwar für verrückt, mit dem verbundenen Kopf und ohne richtig essen zu können, an die Ostfront zu gehen, aber mein Entschluss stand fest.

DER LETZTE KAMPF

Die an der gesamten Ostfront zwischen Memel und Karpaten vorgetragene Offensive führte die Sowjets binnen weniger Wochen an die Oder und Neiße.

In der Tschechoslowakei sah die militärische Lage anders aus, als in Schlesien oder Ostpreußen. Bis zum Beginn des Jahres 1945 blieben das Sudetenland und das Protektorat Böhmen-Mähren von unmittelbaren Kriegseinwirkungen verschont. Erst die sowjetische Großoffensive vom 12. Januar 1945 bedrohte die östlichen Sudetendeutschen Siedlungsgebiete. Die Heeresgruppe Mitte, unter Generalfeldmarschall Ferdinand Schörner, konnte die Offensive der 1. ukrainischen Front (Konjew) auffangen und den Durchbruch nach der Tschechoslowakei vereiteln. Ende März begann die Offensive der 4. ukrainischen Front (Petrow), die zusammen mit der 2. ukrainischen Front (Malinowski) nach Pressburg und Brünn stieß. Am 24. April fielen Troppau und Brünn.

Mein Fronteinsatz führte mich in die Tschechoslowakei. Ich meldete mich bei einer Gruppe im Unterstand, kaum einem Kilometer von der russischen Hauptkampflinie entfernt. Mein neuer Vorgesetzter war ein junger Leutnant. Seine Brust war mit dem Eisernen Kreuz 1. Klasse und vielen Auszeichnungen behängt. Er musterte mich von unten bis oben und sagte nur: »Armes Deutschland.«

Ich kam ohne Handschuhe, ohne passenden Stahlhelm und ohne Mantel an. Im Unterstand hatte es Minustemperaturen und das Wasser stand knöchelhoch, so dass wir auf Steinen und Holzklötzen stehen und sitzen mussten.

Der Unterstand wurde die ganze Nacht beschossen. Granaten rissen tiefe Krater rund um unseren nasskalten Unterschlupf und an einen Stellungswechsel war nicht zu denken. Angespannt verfolgte ich die Einschläge, aufatmend, wenn sie sich entfernten und ängstlich verkrampft, wenn sie sich unserem Unterstand näherten.

Wir saßen eng zusammengedrängt, um uns gegenseitig etwas Wärme zu geben; und der Leutnant forderte mich auf, ihm aus meinem Leben zu erzählen. Über meine Jugend, wie ich noch als halbes Kind Soldat wurde, über meine anfängliche Begeisterung und wie ich zu meiner Verletzung kam. Im Dunkeln spürte ich seine tastende Hand, die sich warm und fürsorglich auf meine Schulter legte; und ich fühlte, neben mir war ein Mensch und kein Offizier.

Er reichte mir seine Handschuhe und sagte leise, so als würde er zu sich selbst sprechen, »Hier nimm Junge, ich werde die Handschuhe wahrscheinlich nicht mehr lange brauchen.« Ich begriff, es stand uns etwas Schlimmes bevor, aber ich traute mich nicht danach zu fragen.

Gegen fünf Uhr informierte er mich, dass uns ein Himmelfahrtskommando bevorstand. Erst jetzt begriff ich, dass ich einem Sonderkommando zugeteilt war, das zur Waffen-SS gehörte. Eine halbe Stunde später wurden wir mit neuen Sturmgewehren und Eierhandgranaten ausgerüstet. Jeder von uns, wir waren neun Mann, bekam einen Rucksack. Als ich ihn öffnete erkannte ich erstaunt eine russische Uniform. Dann erhielten wir unseren Auftrag: Wir sollten uns durch die russische Hauptkampflinie schleichen und in russischer Uniform auf feindlichem Boden Einzelheiten erkunden und durch kleinere Sabotageakte und Scharmützel, den Feind verwirren und ablenken. Bei der Rückkehr hatten wir den Befehl eine größere Brücke, wenn notwendig freizukämpfen und zu sprengen.

Bereits beim Morgengrauen kamen wir an einen Bauernhof, der auf feindlichem Boden stand. Wir umstellten den Hof und sicherten die Fenster und Eingänge. Als sich nichts rührte, befahl mir und drei weiteren Kameraden, der Leutnant das Haus zu besetzen. Wir stürmten nach oben in den ersten Stock. In diesem Moment schlug uns Feuer entgegen und auch vom Keller aus begannen die Russen zu feuern. Wir saßen in der Mitte des Feuers auf der Treppe in der Falle. Was in diesem Haus passierte, kann und will ich nicht weiter beschreiben. Bei dieser Schiesserei sind fünf meiner Kameraden erschossen worden. Wir, unser Leutnant, zwei Kameraden und ich, haben uns anschließend die russischen Uniformen übergezogen und uns bis zum späten Nachmittag im Unterholz eines nahen Waldes versteckt. Dann haben wir uns nach allen Seiten sichernd zu der vorbestimmten Brücke aufgemacht. Als wir uns der Brücke näherten, stellten wir fest, dass die Russen bereits alle Vorkehrungen zur Sprengung getroffen hatten.

Während wir uns an den Kabeln des Sprengsatzes zu schaffen machten, wurden wir von zwei russischen Wachsoldaten überrascht. Als sie uns sahen, grüßten sie uns respektvoll und sind weitergelaufen. Wahrscheinlich hatten unsere russische Uniformen höhere Rangabzeichen.

Nach der Detonation der Sprengladungen brach die Hölle los. Die Russen feuerten aus allen Rohren - die ganze Nacht hindurch; und wir flohen Stunde um Stunde orientierungslos durch die Wälder.

Irgendwann merkte ich, dass wir noch immer in den russischen Uniformen durch den Wald hetzten. Eine panische Angst überfiel mich und ich zerrte und riss mir die russische Uniform vom Leib. Nach meiner Rückverwandlung in einen deutschen Soldaten überkam mich eine große Erleichterung. Denn, mit der falschen Uniform hätten uns die eigenen Leute für Gegner gehalten und auch die Russen hätten uns dafür gnadenlos erschlagen.

Nach zwei Tagen hatte ich meine Kameraden verloren und fand mich beim Morgengrauen alleine in einem Waldstück wieder. Kaum ein Baum war hier unbeschädigt. In den Bombenkratern und Granattrichtern lagen Leichen und Menschenteile. Eine unheimliche Stille schwebte über diesem Friedhof. Ein lauer Wind trug ab zu, die Schreie Schwerverwundeter durch den Morgennebel.

Schwer atmend saß ich an einen Baustamm gelehnt. Das erste Mal seit Tagen spürte ich wieder die Schmerzen meiner Verwundung und in meinen Eingeweiden bohrte der Hunger. Während meiner zweitägigen kopflosen Flucht habe ich keinen Moment an Essen gedacht. Nun saß ich hier und griff hinter mich, um aus meinem Brotbeutel die „eiserne Ration" zu holen. Meine Hand griff in eine feuchte, klebrige Masse. Ich drehte mich um und sah in ein halb verwestes Gesicht. Auf allen Vieren kroch ich von dem grausigen Anblick weg und kauerte mich hinter einen verkohlten Baumstumpf. Der Schock schüttelte mich und bitter würgte ich Gallensaft aus meinem leeren Magen.

Plötzlich sah ich die Umrisse einer Person auf mich zukommen. In diesem Moment war mir egal, ob es ein deutscher oder ein russischer Soldat war.

DIE LETZTE BEGEGNUNG

Ungläubig erkannte ich meinen Leutnant.

»Schau an, mein kleiner Freund lebt noch immer« sagte er mit einer Stimme, als würde er sich wundern, dass es in seiner Welt noch Leben geben würde.

Wir saßen zusammen, die Hände gefaltet und jeder von uns suchte seinen Gott und sprach ein lautloses Gebet in diese grausame, uns einhüllende Stille. Ich war nicht mehr allein. Ich hatte einen Menschen bei mir, auf den ich mich verlassen konnte, und der mich aus dieser Hölle führen würde. Wortlos streichelte er mir über den Kopf. Dann stand er auf und ging fünfzig, hundert Meter von mir weg. In diesem Moment trat er auf eine Mine und ich musste mit ansehen, wie es ihn in Fetzen zerriss.

Stunden später erwachte ich. War ich besinnungslos oder nur aus totaler Erschöpfung eingeschlafen? Ich wusste es nicht, aber geweckt hatten mich russische Laute. Irgendwo hinter mir unterhielten sich Russen. Ich hörte ihr Lachen und das antreibende: »Dawai, dawai« ihrer Vorgesetzten. Benommen stand ich auf und ging fast eine halbe Stunde in Richtung Westen, bevor ich bemerkte, dass ich meine Maschinenpistole vergessen hatte. Ich kehrte um und lief zurück, ohne die Sinnlosigkeit zu bedenken. Aber ich fand tatsächlich wieder zu der Stelle im Wald und den Baumstumpf, an dem noch immer meine Waffe lehnte.

Drei Tage und Nächte marschierte ich durch den Wald, ohne einem Menschen zu begegnen. Ich orientierte mich an der Sonne und den Sternen. Westen war mein Ziel. In Richtung Westen lag die Heimat. Im Westen war das Leben.

Nach drei Tagen Fußmarsch traf ich auf eine Gruppe deutscher Soldaten, es waren radikale SS-Leute. Mir wurde befohlen, mich ihnen anzuschließen. Dann wurde ich mit markigen Parolen versehen. Sie sprachen von der Treue zum Vaterland, von Ehre und meiner Pflicht bis zur letzten Patrone zu kämpfen.

In der zweiten Nacht war ich zur Wache eingeteilt. Die Waffen-SS ruhte sich aus und ich bewachte ihren Schlaf. Vergeblich wartete ich auf die vereinbarte Wachablösung, um dann festzustellen, dass die SS sich aus dem Staub gemacht hatte und ich wieder auf mich alleine gestellt war.

Einige Stunden später stieß ich auf eine neue Einheit. Die Kameraden umlagerten mich und ich musste erzählen woher ich kam und was ich erlebt hatte. Plötzlich hörte ich eine Stimme rufen: »Herrgott, des gibt's doch gar ed. Lieb's Herrgöttle, des isch ja dr Michael.« Ich erkannte den Sepp, aus dem Murgtal im Schwarzwald und wir fielen uns in die Arme. Ausgerechnet er, ein Kamerad aus der Offiziersschule in Potsdam, war der Führer dieser Einheit. In unserer Wiedersehensfreude schworen wir uns, uns nie mehr zu trennen, bis dass der Tod uns auseinander reißen würde.

Abends kamen wir auf einem großen Gut an. Die Familie zog gerade mit beladenen Wagen an der Ausfahrt des Hofgutes an uns vorbei. Mit Ausnahme der Zugtiere waren noch alle Tiere in den Stallungen. Die Leute baten uns noch, die Kühe zu melken und zu füttern, dann verließen sie ihre Heimat. Vertrieben von einem Krieg für den sie nichts konnten und von einem Wahnsinn der sie ins Elend stürzte.

Ich war von den Strapazen der letzten Tage gezeichnet und Sepp, mein Freund und Vorgesetzter befreite mich von allen Arbeiten und vom Wachdienst. Als wir das Gutsherrenhaus betraten war ich überrascht, dass alle Möbel noch an ihrem Platz standen, ja sogar die Betten waren überzogen und alles erweckte den Eindruck, als würden die Bewohner jeden Augenblick zurückkommen. Ich habe mich auf die Bettkante gesetzt und meine Gedanken wanderten die wenigen Jahre zurück, in die Zeit, in der ich auf einem Bauernhof arbeiten musste. Wie hatte ich mich gefreut, dass der Krieg mir die Möglichkeit gab dieser schlimmen Zeit zu entkommen. – Aber was wirklich schlimm war, hatte ich erst in den letzten Monaten lernen müssen.

Irgendwann bin ich eingeschlafen. Ungewaschen und in der vor Schmutz starrenden Uniform lag ich auf den Daunendecken und träumte mich in eine angstlose Zukunft.

Meine Kameraden hatten inzwischen im Stall gearbeitet und in der Küche Pfannkuchen gebacken. Ich habe davon nichts bemerkt, obwohl ich am Verhungern war.

Nach Stunden weckte mich eine wilde Schießerei. Die Scheiben im Schlafzimmer flogen mir ins Gesicht. Ich merkte, dass mein Kopfverband aufgeschlitzt war und mir das Blut über das Gesicht lief. Ich fuhr hoch, entsicherte meine Maschinenpistole und sprang aus der Türe zur Flurtreppe. Da kamen mir russische Soldaten entgegen und feuerten sofort in meine Richtung. In meiner Panik schoss ich mein ganzes Magazin leer, bis keine Gegenwehr mehr kam. Als ich aus dem Haus stürmte sah ich unweit des Hofes Russen, die gerade begonnen hatten Panzersperren zu errichten.

Vom Gut waren es fast zwei Kilometer bis zum Waldrand. Es ging steil den Berg hinauf. Meine Kameraden waren bereits unterwegs zum Waldrand und ich begriff, dass ich das Kommando zum Aufbruch verschlafen hatte.

Nur einer saß am letzten Haus in Deckung, es war mein Freund Sepp. Als er sah, dass ich heil aus dem Haus kam, rief er immer wieder meinen Namen und schrie: »Lauf, Michael, lauf, hier zu mir, wir sind umstellt von Russen«.

Ich rannte los, im Zick-Zack wie ein Hase, mit keuchender Lunge. Die Russen feuerten auf mich und die Kugeln rissen links und rechts von mir winzige Krater in den Boden. Ich bemerkte kleine Dreckfontainen, die dicht vor meinen Stiefeln aufspritzen, aber ich blieb unverletzt.

Bis auf wenige Meter kam ich an meinen Freund heran, dann sah ich, wie er hochgerissen wurde und nach hinten stürzte. Ich ließ mich fallen und robbte die letzten Meter zu ihm. Er hatte zwei Schulterdurchschüsse und als ich ihn erreichte, war er bereits bewusstlos.

Die russischen Salven kamen von allen Seiten. Ich konnte mich nicht aufrichten um ihn zu verbinden. Aus Verzweiflung habe ich sein Koppel mit meinem zusammengemacht und im Feuerschutz meiner Kameraden habe ich meinen Freund bis zum Waldrand geschleift.

Unsere Einheit zog sich in den Wald zurück und ich blieb mit Sepp am Waldrand zurück. Im Schutze des Unterholzes zog ich ihm die Jacke aus und versorgte ihn mit einem Notverband. Kaum hatte ich ihn einigermaßen verbunden, hörte ich, wie die Russen den Hügel stürmten. Die Einschläge zersplitterten Bäume und die Geschosse pflügten sich in den weichen Waldboden. Ich saß mit meinem besinnungslosen und immer noch stark blutenden Freund in der Falle. An Flucht war nicht zu denken. Hastig vergrößerte ich mit dem Koppelschloss eine Mulde und rollte meinen Freund in die Vertiefung. Mit den Händen schaufelte ich weiche Erde über ihn und bedeckte ihn mit Laub und kleinen Ästen. Ich versteckte mich zwischen dem Dickicht und beobachte die Lage. Der russische Ansturm wollte kein Ende nehmen, deutsche Soldaten waren nirgends mehr zu sehen. Die russischen Panzer und Pferdewagen zogen nur wenige Meter an mir vorbei. Der Boden unter mir vibrierte vom Rasseln der Panzerketten und ich hörte das schwere Schnauben der Pferde unter ihrer Last. Ich erkannte auf den Pferdewagen Bierkästen und Schnapsflaschen und fast zum Greifen nahe, zogen die betrunkenen, grölenden Russen vorüber.

Wir lagen dort eine Nacht und einen Tag und ich konnte nichts unternehmen. In der folgenden Nacht wälzte sich Sepp unruhig hin und her und begann zu stöhnen. Der Notverband war blutdurchtränkt, aber ich hatte keinen weiteren Verband. Ich hatte den Kopf meines Freundes in meinen Schoß gebettet und flehte zu Gott ihm zu helfen. Ich betete und bettelte und ich verfluchte und verdammte unser Schicksal.

Mitten in der Nacht holte mich eine Stimme aus einem unruhigen Schlaf. Sepp war aus seiner Bewusstlosigkeit erwacht und bat mich immer wieder um Wasser. Nur widerwillig ließ ich ihn alleine, aber ich sah ein, dass ich Wasser besorgen musste.

Ich lief auf der Suche nach einer Wasserstelle oder einem Bach einen schmalen Waldweg entlang. Plötzlich tauchte aus der Dunkelheit eine junge Frau auf. Ungläubig und unfähig mich zu bewegen starrte ich auf die mir entgegenkommende Gestalt. Ihre Jacke und der Rock waren über und über mit Blut verschmiert und sie rief schluchzend um Hilfe. Sie lief auf mich zu und ihre Arme umkrampften mich und sie klammerte sich an mir fest. Sie bettelte mich an, sie nicht mehr allein zu lassen. Ihr ganzer Körper zitterte vor Angst.

Stockend und von Heulkrämpfen unterbrochen erzählte sie mir, dass ein paar Ortschaften weiter die Russen bereits vor drei Tagen eingetroffen seien und dass sie alle jungen Frauen immer wieder vergewaltigt hätten. Ihr und allen Frauen wurden Dinge angetan, für die es in keiner Sprache der Welt Worte gibt.

Es klang für mich wie ein Wunder, als sie sagte: »Mein Name ist Helene, ich bin Krankenschwester und kenne mich hier gut aus.« Helenes Erscheinen war für uns ein Lichtblick. Ich war überzeugt, der Herrgott hätte meine Gebete erhört und sie uns in unserer Not geschickt.

Ich erzählte ihr in wenigen Worten von meiner Situation und von meinem verwundeten Freund. Sie zeigte mir ganz in der Nähe ein kleines Rinnsal, aus dem ich das gesuchte Wasser schöpfen konnte. Hand in Hand, wie verängstigte Kinder, liefen wir zurück zu meinem wartenden Freund. Ich spürte wie ihr zierlicher Körper von Krämpfe geschüttelt wurde. Und ich spürte ihre kleine Hand, und ihre Fingernägel die sich in meine Handballen krallten. Sepp schaute uns mit fieberglänzenden Augen entgegen, aber er schien die Frau nicht zu bemerken. Gierig trank er das mitgebrachte Wasser, dann fiel er wieder in eine tiefe Bewusstlosigkeit.

Helene säuberte seine Wunden und half mir aus Streifen meines Hemdes meinen Freund neu zu verbinden. Dann legten wir ihn auf zwei Äste und zogen und zerrten ihn wie auf einem Schlitten hinter uns her.

Schon nach wenigen Kilometern war auch mein Kopfverband mit Blut durchtränkt. Von den Anstrengungen waren die Nähte an meinem notgeflickten Kopf aufgebrochen. Als wir in der zweiten Ortschaft ankamen, erwarteten uns bereits die Russen. Ihr »Stoi!« ließ uns erstarren. An eine Flucht oder

Widerstand war nicht zu denken.

Zuerst haben sie wieder die junge Frau mitgenommen, die sich vergeblich an mir festklammerte. Hilflos musste ich mit ansehen, wie sie weggeschleppt wurde. Ein russischer Offizier kam zu mir und stieß mir den Lauf seiner Kalaschnikow in den Magen. Sein Atem roch nach Wodka und er fragte in einem rauen, kaum verständlichem Deutsch: »Germanski, chast du Waffe?« Ich verneinte, obwohl ich eine Pistole im Innenfutter meiner Jacke versteckt hatte. Die Pistole war für den äußersten Notfall, so wie man es mir in der Offiziersschule beigebracht hatte. »Ein deutscher Offizier geht nicht lebendig in die Gefangenschaft«, hörte ich noch meinen Ausbilder in Potsdam sagen. Der Russe glaubte mir nicht. Ich sah es in seinen Augen. Ich hätte ihm die Pistole geben sollen, den unsinnigen Stolz ablegen müssen, aber nun war es zu spät. Auf einen Wink des Offiziers stürzten zwei Soldaten heran und begannen ohne ein weiteres Wort mit ihren Gewehrkolben auf mich einzuprügeln, bis ich bewusstlos zusammenbrach. Als ich zu mir kam, lag ich in einem Viehwagen der für uns Kriegsgefangene vorbereitet war. Die Pistole war verschwunden. - Was aus Helene wurde? Ich weiß es nicht. Auch mein Freund Sepp wurde von mir getrennt, aber ihn habe ich Jahre später in der Heimat wieder getroffen.

Nun lag ich wie weggeworfener Müll zwischen meinen Kameraden in dem Viehwagen. Ich hatte Schmerzen am ganzen Körper und ich hatte Angst, vor dem Unbekannten, vor dem was da kommen würde. Aber in mir war auch eine unerklärliche Erleichterung. Der Krieg hatte mich ausgespuckt, ich war nicht länger Soldat. Ich brauchte nicht mehr kämpfen, musste nicht mehr entscheiden, brauchte nichts mehr verantworten, ich war Kriegsgefangener, Plenni, wie die Russen uns nannten.

Ich hätte gerne gewusst, ob der kleine Hauptmann aus der Kriegsschule noch immer an seine heroischen Worte glaubte, denn längst hatte der Krieg auch die Theoretiker in Potsdam erreicht. Seit dem 16. April wurde um Berlin eine erbitterte Schlacht geführt, die Hitler in seinem Wahn noch glaubte gewinnen zu können.

Am 25. April 1945 trafen sich die vorrückenden Amerikaner und Sowjets an der Elbe bei Torgau und am 2. Mai kapitulierte das eingekesselte Berlin.

Zwei Tage zuvor hatte Hitler Selbstmord begangen: Als sich die Sowjets auf wenige hundert Meter an die von der französischen Waffen-SS-Einheit „Charlemagne" verteidigte Reichskanzlei herankämpften und auch dem „Führer" die ausweglose militärische Situation bewusst wurde, erschoss sich Hitler am Abend des 30. April.

Die deutsche Kapitulation wurde im amerikanischen Hauptquartier in Reims am Morgen des 7. Mai unterzeichnet und auf ausdrücklichen Wunsch Stalins im sowjetischen Hauptquartier in Berlin-Karlshorst in der Nacht vom 8. zum 9. Mai wiederholt.

Im letzten Wehrmachtsbericht vom 9. Mai 1945 stand: „Seit Mitternacht wurden die Waffen an allen Fronten niedergelegt...

Das Oberkommando hat bis jetzt keinen Bericht über die Heeresgruppe Schörner (Ostfront Böhmen, Mähren) erhalten...

Wir verneigen uns heute ehrfürchtig vor den gefallenen Kameraden. Die Toten verpflichten uns zu stummem Gehorsam und zur Disziplin gegenüber dem Vaterland, das aus unzähligen Wunden blutet."

DIE GEFANGENSCHAFT

Während die Heimat sich von den Bombenangriffen erholte war ich zusammen mit vielen Leidensgenossen auf dem Weg in eine ungewisse Zukunft.

Wir spürten nun mit einem Mal, wie es ist, ohne Furcht vor Bomben und Granaten, vor russischen Scharfschützen, den tschechischen Heckenschützen, oder den Maschinengewehren der Tieflieger zu sein. Die Kapitulation hätte für uns eine Art Befreiung darstellen sollen, erleichtert waren wir durchaus, befreit jedoch nicht.

Jetzt mussten wir die Schmach, ein Kriegsgefangener, also ein Verlierer, zu sein, am eigenen Leib erfahren. Diese Rolle war für uns neu. Uns hatte man gelernt, die unbesiegbaren Gewinner zu sein.

Um alles hatte man uns betrogen, unsere Kindheit, den Glauben an das deutsche Volk, dessen Führer, seine siegreiche Armee und die Unfehlbarkeit ihrer als Helden dargestellter Offiziere.

Als Kanonenfutter missbraucht, verlassen von den Vorgesetzten, aller Ideale beraubt, hungrig und erschöpft waren wir jetzt in der Gewalt unserer ehemaligen Feinde. Wir fühlten uns erniedrigt, ausgebrannt und jetzt auch noch schuldig an den Massenmorden der Nazis, der SS, die auch uns das erste Mal in ihrem ungeheuerlichen Ausmaß offenbart wurden.

Es war ein schwerer und weiter Weg zu Fuß durch die Tschechoslowakei in die Sowjetunion, in die Gefangenschaft.

Da die Russen behaupteten, dass unsere Einheit ein Teil der Waffen-SS sei, wurden uns die Schuhe und alle Kleidungsstücke, bis auf die Hose abgenommen.

Wir waren fast 400 Gefangene, in einem endlosen Zug zusammengetrieben, wie eine Viehherde: Die ersten zwei Tage die Hände hinter dem Kopf, ohne Essen und Trinken. Viele kippten vor Erschöpfung um. Sie wurden sofort erschossen und in den Straßengraben geworfen, als menschlicher Abfall.

Nach sechs Tagen waren wir gerade noch 200 Männer und niemand wusste, wann oder wie viele von uns in irgendeinem russischen Gefangenenlager ankommen würden.

Die Bewohner der tschechischen Dörfer standen an den Straßenrändern und warteten auf uns mit Dreschflegel, Sensen und Prügeln. Sie schlugen auf uns ein, dass sogar die russischen Wachsoldaten die Leute abwehren mussten um ein grausiges Blutbad zu vermeiden. Angetrieben, von dem nervösen: »Dawai, dawai« der Bewacher, schleppten wir uns voran. In einer Kleinstadt wurde für uns zum Schutz gegen die Bevölkerung ein Dorfbrunnen mit Stacheldraht eingezäunt. Nur so konnten wir ohne Übergriffe aus der Bevölkerung unser Wasser aus dem Brunnen trinken. Hier gab es auch zum ersten Mal ein Stück Maisbrot. Wir haben uns darauf gestürzt und es gefressen wie Tiere.

Nach sechs langen Wochen kamen wir in ein Lager in Weißrussland, das später zu einem großen Gefangenenlager erweitert werden sollte. Irgendwo in den Weiten von Belarus, wie die Weißrussen ihr Land nennen. Ein Land so flach wie ein Bügelbrett. Die Erhebungen selten höher als dreihundert Meter. Ein Drittel des Landes ist bewaldet. Es gibt zahlreiche Seen und Flüsse. Im Süden befinden sich weite, kaum besiedelte Sumpfgebiete. Wo die Waldgebiete in die Pripjetsümpfe übergingen, war unser Lager.

In einer Lagerecke war ein modriger Haufen Kartoffelsäcke aufgestapelt, jeder Sack vollgestopft mit zehn Uniformen und Stiefeln. Jeder von uns hatte eine Nummer bekommen und suchte nun den Sack auf dem seine Nummer aufgestempelt war. Manche Säcke blieben unberührt. An manchen Säcken machte sich nur noch ein Plenni zu schaffen. Eine eigentümliche Stille lag über dem Platz. Wir stöberten in den Säcken und vielen von uns zogen die Tränen Spuren durch die sonnenverbrannten und dreckigen Gesichter. Als wir fertig waren, blieb ein großer Haufen Uniformen unberührt zurück.

Unsere Füße waren wundgelaufen und mit Blasen und Blutergüssen überzogen, aber wir konnten uns in der Nacht auf den Boden legen und einige Stunden schlafen. Inzwischen wurden von unserer Einheit noch 80 Mann gezählt, aber auch die in einem erbärmlichen Zustand. Ich glaube, dass ich diese Strapazen nur wegen meiner Jugend und harten Kinderzeit überstanden habe.

Am Anfang unserer Gefangenschaft habe ich die Tage gezählt. Mit der Zeit verloren Begriffe wie Stunden, Tage und Wochen ihre Bedeutung. Es gab nur noch das Heute und Morgen; und für viele Kameraden lag schon das Morgen in unerreichbarer Ferne.

Anfangs war noch Hoffnung in uns. »Domoi«, hieß es immer wieder. »Skoro domoi.« Ihr kommt in ein Auffanglager. Ihr werdet registriert, bekommt einen Propusk, ein Papier; und dann: »Skoro domoi«, nach Hause. Nur die Kriegsverbrecher, die von der SS, kommen ins Arbeitslager. Die Hoffnung verlor sich wenn die ständig betrunkenen russischen Bewacher durch das Lager schwankten und grölten: »SS-Schweine-Sibirien!« Und keiner wollte begreifen, dass wir mit der tatsächlichen SS nichts zu tun hatten.

Hunger, Krankheit und Heimweh prägten die sich zäh hinziehenden Monaten. Bis in den Mai 1946 hinein blieb das Land in den Klammern eines eisigen Winters. Ganz plötzlich kam der Frühling und Mensch und Maschine versanken in Matsch und Dreck. Die Birken hingen voller Blüten, es duftete aus allen Richtungen und die sumpfigen Wiesen färbten sich zaghaft in allen Farben. Die Sonne stieg täglich höher, der Winter verzog sich, und mit den wärmenden Sonnenstrahlen und dem überall keimenden Grün kam auch wieder etwas mehr Hoffnung zurück.

Ich war mit einer Gruppe Plennis eingeteilt, außerhalb des Lagers, eine ganze Kolonne russischer Fahrzeuge mit Seilen aus dem Schlamm zu ziehen. Es war eine schwere Arbeit, die unseren ausgemergelten Körpern alles abverlangte. Während einer Pause lagen wir ausgepumpt im Schatten ausladender Eichen. Die Wachen lehnten an den Fahrzeugen, hatten die Köpfe zusammengesteckt und qualmten in stoischer Gleichgültigkeit in Zeitungspapier gedrehte Machorka-Zigaretten. Mir gegenüber saß „Blech“. Ein sehniger, zäher Mann, mehr als doppelt so alt wie ich, den alle nur „Blech“ nannten, wegen seinem Ritterkreuz, das er, keiner wusste wie, mit ins Lager geschmuggelt hatte. Er ließ das Stück Metall wie ein Zauberkünstler aus einer Hand in die andere wandern. Als er meinen Blick bemerkte grinste er und meinte: »Mit Auszeichnungen ist es wie mit Hämorrhoiden, mein Junge. Irgendwann bekommt jedes Arschloch eine.« Ich blickte auf das Stück Metall und meine Gedanken wanderten zurück bis zu den Kämpfen an der Ostfront. Damals war mir auch ein Kreuz versprochen worden, aber die Rote Armee kam meiner Dekoration zuvor. Und nun, in der Gefangenschaft, gab es keine Orden mehr; hier war die höchste Auszeichnung das Überleben.

Blech musterte mich, wie man einen Gaul betrachtete, der einem zum Kauf angeboten wurde, dann sagte er: »Du warst doch auf der Offiziersschule? So einen könnten wir gebrauchen.« Es war mehr eine Feststellung und er fuhr fort: »Sag, wie alt bist du?«

Ich musste überlegen. »Achtzehn, bald Neunzehn«, antwortete ich.

»Ich hielt dich für vierundzwanzig oder fünfundzwanzig.«

»Ich weiß , ich sehe älter aus. Die Zeit hat uns alt gemacht. - Wir waren schon als Kinder alt.«

Er beobachtete mich noch immer, so als wisse er nicht genau, ob er mir trauen könne. Dann gab er sich einen Ruck und sagte: »Junge, wir haben hier außerhalb des Lagers noch ein paar Tage zu tun. – So eine Chance kriegen wir vielleicht nie wieder – begreifst du?«

Mein Gesichtsausdruck schien ihn nicht zu überzeugen.

»Mensch Michael, ich haue ab, mit noch zwei Kameraden, und du, kommst du mit?«

Ich nickte, ohne zu wissen auf was ich mich da einließ.

»Wenn wir erst aus dem Lager sind, ist der Rest ein Kinderspiel.«

Ich nickte noch immer, wie ein Wackeldackel, ohne zu wissen, dass der Rest alles andere als ein Kinderspiel werden sollte.

DIE FLUCHT IN RICHTUNG WESTEN

Bereits zwei Tage nach diesem Gespräch ergab sich die Gelegenheit zur Flucht. Es war in den ersten Stunden des neuen Tages, wir wurden gerade für den anderen Morgen zur Arbeit eingeteilt, da kamen zwei Russen auf uns zu und nahmen uns bis zum Tor mit. Dort sollten wir verschiedene Geräte empfangen. Als die Wachen in der Gerätehütte waren und das Lagertor offen stand, nutzten wir den Moment und verschwanden im umliegenden Wald. Wir waren nur wenige Minute weg, als der schrille Ton der Sirenen durch die Nacht heulte und kurz danach die grellen Finger der Suchscheinwerfer das Lager und die Umgebung taghell erleuchteten.

Wir liefen, was die Füße hergaben. Unsere Herzen pochten wie wahnsinnig. Wenn wir uns für Momente mit keuchenden Lungen nach Luft schnappend an einen Baustamm klammerten, hörten wir in der Ferne Motorengeräusche, Stimmen und Hundegebell; und die Angst trieb uns mit neuer Kraft weiter in den Schutz des Waldes.

Bei Sonnenaufgang waren wir überzeugt, die Verfolger abgeschüttelt zu haben. Um uns waren nur die Geräusche der erwachenden Natur und in uns ein Gefühl der Freiheit, wie wir es seit Monaten ersehnt hatten. Wir sind uns vor Freude um den Hals gefallen, aber keiner von uns wusste, wo wir uns gerade befanden. Wir beschlossen den ganzen neuen Tage weiterzumarschieren, im Gänsemarsch, die Sonne immer im Rücken, so hofften wir das Lager in einem weiten Bogen mit der groben Richtung Westen zu umgehen.

Blech und ich wechselten uns mit der Führung und der Nachhut ab. Erich und Karl-Heinz gliederten sich willig ein. Beide waren viel älter als ich, Familienväter, mit einer langjährigen Kriegserfahrung. In ihren Augen lag ein stumpfsinniger, fast fatalistischer Ausdruck. Sie trugen ihre Hoffnungslosigkeit wie eine Monstranz vor sich her und ich verstand nicht, warum sie bei unserer Flucht mitmachten.

Am Spätnachmittag stießen wir auf einen Bahndamm. Zwischen den Gleisen überwucherte Unkraut die modrigen Schwellen. Blech begutachtete die Gleise und zeigte sich überzeugt, dass die Strecke noch befahren wurde.

Wir zogen uns in das nahe Unterholz des Waldes zurück und hofften auf einen Zug. Von links müsste er kommen und nach rechts hinter den Hügeln verschwinden, dann würde er nach Westen, Richtung Heimat fahren. Was wir dann mit diesem Wissen anfangen wollten, würde sich schon zeigen.

Was sich bis zum nächsten Morgen nicht zeigte, war ein Zug. Irgendwann schienen wir alle vor Erschöpfung eingeschlafen zu sein. Am Morgen erwachten wir total ausgehungert. Unsere verschlissenen Uniformen hatten die Feuchtigkeit der Nacht aufgesogen und wir froren.

Blech bestimmte: »Unsere erste Aufgabe ist es Essen zu besorgen und dann müssen wir feststellen, wo wir uns befinden.«

Mehrere Stunden liefen wir entlang der Bahnlinie, ohne ein Haus zu sehen oder einem Menschen zu begegnen. Wälder und Wiesen wechselten sich ab, aber nirgends sahen wir bewirtschaftete Felder oder eine Straße.

Gegen Mittag stießen wir auf ein kleines Bahnwärterhaus, das sich baufällig an den Bahndamm lehnte. Wir umstellten das Haus und ich pirschte mich vorsichtig an eines der Fenster heran, um zu sehen was sich im Haus abspielte.

Erstaunt riss ich die Augenbrauen noch oben und wollte meinen Augen nicht trauen. Da saß ein älterer Mann an einem grob gehobelten Holztisch. Vor ihm lag ein großer Laib Brot, gerade frisch angeschnitten, daneben standen zwei Flaschen Bier und hinter ihm, auf dem Kanonen-Ofen, stand ein verbeulter Behälter mit warmem Essen. An der rechten Wand hing eine Landkarte mit eingezeichneten Bahnlinien, ein Telefon und eine Uhr, also alles Dinge, die wir gebrauchen konnten. Wir mussten an diese Sachen herankommen - ohne dass dem Mann etwas passierte.

Schon am Morgen hatten wir besprochen, dass Blech und ich alle gefährlichen Aufgaben übernehmen sollten, weil Karl-Heinz und Erich Familien hatten. Blech ließ durchblicken, dass er auch Familie hätte und ich ja der Jüngste wäre; und ich ja auf der Offiziersschule...

Ich hatte verstanden. Wir einigten uns, dass ich auch das Kommando führen sollte. Karl-Heinz und Erich hatten zu unseren Überlegungen nur mit stoischer Ruhe genickt und folgten nun meinen Anweisungen.

Ich ging zur Türe und sagte den anderen, dass in dem Moment, in dem ich die Türe aufstoße, jeder eines der Fenster einschlagen sollte. Der Bahnwärter musste überrumpelt werden, nicht dass er auf die Idee käme, im Moment des Schreckens auf uns zu schießen.

Meine Rechnung ging auf. Der Mann riss vor Schrecken die Arme nach oben und rief immerzu „Nix schisssen, Gospodin! Icch Freund, immer Freund!" Er bemerkte gar nicht, dass wir unbewaffnet waren.

Wir rissen als erstes das Telefonkabel aus der Wand und verschlangen alles Essbare, dann verschwanden wir sofort wieder. Wir ließen einen total verstörten Bahnwärter zurück. Mit erhobenen Händen hatte er uns in Todesangst beobachtet, wie wir wie ein Rudel Wildschweine über sein Essen herfielen. Als ich als letzter das Haus verließ, griff er meine Hand und stammelte: »Spasiba, dasvidanja.« Auch mir, sein Essen im Magen, seine Uhr in der Hand und die erbeutete Karte unter dem Arm, fiel nichts besseres ein, als: »Spasiba, dasvidanja«, danke, auf Wiedersehen.

Auf der Karte sah ich, dass wir uns von der russisch-ukrainisch-polnischen Grenze weg in Richtung Zamosc-Lublin bewegten. Wir mussten also Polen durchqueren um nach Deutschland zu kommen. Ich suchte eine Hauptverkehrsstrecke Richtung Frankfurt an der Oder.

Noch waren wir im russisch besetzten Teil Polens. Wir hielten uns tagsüber im Wald auf und nachts marschierten wir hauptsächlich entlang der Bahnlinien, oder neben Hauptverkehrsstraßen Richtung Westen.

Als Nahrung hatten wir nur was die Natur hergab. In seltenen Fällen bekamen wir Hilfe von Einheimischen, aber meist mussten wir unsere wenigen Nahrungsmittel stehlen.

Wir waren stark abgemagert und jeder Schritt wurde eine Qual. Karl-Heinz hatte Fieber bekommen und sprach im Schlaf immer von seiner Frau und seinen vier Kindern. Sein Zustand verschlechterte sich immer mehr. Die Situation verlangte, dass ich unter allen Umständen Wasser und Brot besorgen musste.

Wir beschlossen im Wald ein Lager einzurichten, indem wir aus Tannen-Reisig eine Liege bereiteten und das mitten im Dickicht des Waldes, gut getarnt. Vom Waldrand aus konnte ich ein von russischem Militär besetztes Dorf einsehen. Am Dorfeingang stand eine Feldküche, von der gerade Eintopf ausgegeben wurde. Die Russen saßen um die Küche und löffelten ihren Eintopf mit Brot. An der Feldküche stand noch eine Schlange mit ihren Kochgeschirren zum Nachfassen. Alle waren nur in Hemdsärmel ohne Jacken, es war ein wunderschöner, sonniger Tag.

Ich entfernte mich von meinen Kameraden und ging in Richtung Dorf. Mit nacktem Oberkörper mischte ich mich unter die Männer und sah, dass am vorbei fliesenden Bach die Kochgeschirre ausgewaschen wurden und zum Trocknen ausgelegt waren. Im Vorbeilaufen nahm ich ein Kochgeschirr auf und stellte mich hinten an der Schlange an. Da ich immer noch einen Kopfverband trug, traute sich wahrscheinlich keiner, mich direkt anzusprechen. Ich hielt mein Geschirr genau wie die anderen hoch und der Koch sah mich nur kurz an und gab mir aus Mitleid noch einen Schlag Eintopf extra. Nun hatte ich mein Kochgeschirr voll bis zum Rand und ein großes Stück Brot in der Hand, traute mich aber nicht, einfach wegzulaufen. Um nicht aufzufallen setzte ich mich auch zu den anderen auf den Boden, nahm aber nur kleine Löffel voll, damit auch meine Kameraden etwas zu essen bekamen.

Nach einigen Minuten, in denen ich zitterte wie eine gesprungene Bettfeder und mir der eiskalte Angstschweiß über den Rücken lief, stand ich auf und spazierte langsam in Richtung Wald. Ich tat dabei so, als ob ich zur Toilette musste, immer die Angst im Nacken, das verhasste: »Stoi! Germanski!« zu hören. Am liebsten wäre ich losgerannt, aber niemand beachtete mich oder interessierte sich dafür, wer und warum an den Fahrzeugen vorbei jemand in den Wald ging.

Ich kam bei meinen Kameraden mit meinem beinahe noch vollen Kochgeschirr mit Eintopf an. Das Brot hatte ich noch nicht angerührt und so teilten wir unser „Festessen" so ein, dass zuerst unser kranker Kamerad gefüttert werden konnte.

Woher ich den Mut nahm, mich freiwillig unter die Russen zu mischen, kann ich mir bis heute nicht erklären, aber die monatelange Flucht durch Polen brachte noch viele unerklärliche und traurige Situationen.

Wir wussten, lange durften wir uns nicht aufhalten, und so machten wir uns bei Einbruch der Dunkelheit wieder auf den Weg. Wir kamen nur langsam voran, weil unser fiebernder Kamerad sich nur mit unserer Hilfe mühsam voranschleppen konnte.

In der Morgendämmerung querte ein breiter Fluss unsere Marschrichtung. Ich fragte, ob auch alle schwimmen könnten, aber ausgerechnet unser kranker Kamerad schüttelte nur traurig den Kopf. Wir beratschlagten und kamen zu den Entschluss, dass ich mit Erich vorausschwimmen sollte und Karl-Heinz sollte sich an unseren Füßen festhalten und sich mit über den Fluss ziehen lassen. Blech hatte die Aufgabe uns hinterherschwimmend zu unterstützen.

Wir waren ungefähr in der Mitte des Flusses, als auf einmal ein Licht anging und mit einem Maschinengewehr auf uns geschossen wurde. Um nicht getroffen zu werden, blieb uns keine Wahl, wir mussten tauchen. Als wir an der anderen Flussseite auftauchten, war unser kranker Kamerad nicht mehr da. Wir liefen fast einen Kilometer am Flussufer entlang, immer in der Hoffnung Karl-Heinz zu entdecken. Wir brauchten lange, um zu begreifen, dass wir unseren Marsch in Richtung Westen alleine fortsetzen mussten.

Die Gegend, in die wir bald kamen, war fast menschenleer. Die deutsche Bevölkerung hatte bei Kriegsende nur noch aus

Frauen, Kindern und Greisen bestanden. Sie hatte entweder gerade noch vor den heranrückenden russischen Truppen flüchten können, oder war in den Kriegswirren durch Kampfeinwirkungen und Terrorakten ums Leben gekommen, oder war nach Russland verschleppt worden.

Nördlich von Lodsch stießen wir auf eine starkbefahrene Bahnlinie. Die Züge waren überfüllt. Noch auf den Trittbrettern standen Menschen und klammerten sich an die Haltestangen.

Wir beschlossen zu versuchen, auf einen dieser Züge zu gelangen. An einer leichten Bergaufstrecke beobachteten wir, dass die Züge die Fahrt verlangsamten. Hier wollten wir versuchen auf den fahrenden Zug zu klettern. Stundenlang lagen wir im bauchhohen Gestrüpp und warteten auf den geeigneten Zug.

Blech war der erste der aufsprang und neben dem Zug herrannte. Er schaffte es tatsächlich und konnte sich an der Haltestange auf ein Trittbrett ziehen. Erich war dicht hinter ihm. Während ich mit keuchenden Lungen neben dem wieder schneller werdenden Zug herrannte, sah ich wie Blech sich weit aus dem Zug beugt und sich mühte Erich ebenfalls auf das Trittbrett zu ziehen. Ich sah wie Erich den Boden unter den Füssen verlor, wie er hochgewirbelt wurde und plötzlich war er unter dem dahindonnernden Zug verschwunden. Ich blieb wie angewurzelt stehen und schaute dem schnell kleiner werdenden Zug nach. Es war plötzlich unheimlich still. Eine Stille, die sich aufs Herz legte, wie ein schwerer Stein. Nach Erich zu sehen, dazu konnte ich mich nicht überwinden. Alleine die Vorstellung, wie er zwischen den Rädern zermahlen wurde ließ mich erschaudern. Ich faltete meine zitternden Hände und wollte für Erich beten, für Blech um eine gute Heimkehr bitten, aber mein Gefühl der Einsamkeit, des Verlassenseins, überlagerte alles und ich stammelte immer nur: »Lieber Gott, hilf mir. Bitte, bitte...«

ALLEIN - DIE LETZTEN 1 000 KILOMETER

Alleine machte ich mich auf den Weg in die noch ferne Heimat. Über mir zogen die Wolken nach Westen. Anderthalb Tage brauchte nach meinen Berechnungen so eine Wolke, bis sie zu Hause war. Sie musste keine Dörfer umgehen, sie vermied die Windungen der Straße und wurde von keinen Milizionären aufgehalten. Sie schwebte über Eiserne Vorhänge und überflog mühelos die Flüsse.

Ganz Polen schien sich in dieser Zeit Richtung Westen zu bewegen. Im Süden waren die deutschen Bewohner auf der Flucht vor den Russen und im Norden wurden sie von den Polen vertrieben. Nur Handgepäck hatte man den Flüchtlingen erlaubt mitzunehmen und kaum einer konnte dieses wenige Hab und Gut bis nach Deutschland retten. In die neue Heimat, in der das Strandgut des Krieges nirgends freundlich aufgenommen wurde.

Etwa einhundert Kilometer vor Frankfurt habe ich erfahren, dass auf der anderen Seite der Oder die Amerikaner waren und es dort eine Überlebenschance geben würde. Östlich der Oder liegt das Sternberger Land, das früher zusammen mit der Neumark zu Brandenburg gehörte. In der Ortschaft Sternberg, dem heutigen Torzym, wurde ich gewarnt nach Frankfurt zu gehen; und so nahm ich die Richtung Lichtenberg, um die Stadt Frankfurt zu umgehen. Dort verlief auch die damals größte Autostraße.

Tagelang suchte ich vergeblich nach einer gefahrlosen Möglichkeit die Oder zu überqueren. Ich saß im „Niemandsland" zwischen den russischen und amerikanischen Einheiten fest. Nach drei Tagen kam am hellen Tag und mitten auf der Straße, ein Paar mit einem Kinderwagen. Ich lief aus meinem Versteck auf die Straße und sprach das Paar an. Sie erzählten mir, dass sie Knecht und Magd auf einem großen Gutshof waren, der nun von der russischen Armee beschlagnahmt worden wäre und sie hätten den Gutshof sofort verlassen müssen. Nur den Kinderwagen und was sie am Leib trugen, durften sie mitnehmen. Ich untersuchte den Wagen, aber da war kein Kind, unter der Decke lag Verpflegung, Brot und Würste, wie ich sie nur noch aus meinen Träumen kannte. Das Paar hatte ein Stück Papier bei sich, das sie von den Russen bekommen hatten. Man hatte ihnen gesagt, dass das Papier ein Propusk, ein Passierschein wäre, mit dem sie alle Kontrollen passieren könnten.

Bei dem Gespräch wurde mir klar, dass die Beiden in Wirklichkeit nicht genau verstanden hatten, was passiert war. Sie fragten mich immer wieder, ob sie nicht mit mir gehen könnten, da die Russen die Frau schon mehrmals vergewaltigt hatten und sie alleine Angst hätten.

Ich sah - wie schon oft, in den allerschwierigsten Situationen - einen „Fingerzeig Gottes“ und stimmte sofort zu. Ich hielt mich am Kinderwagen fest und wir marschierten zu dritt bis zur nächsten russischen Kontrollstelle. Inzwischen hatte ich das russische Schreiben an mich genommen und zeigte es einem der russischen Kontrolleure. Der Milizionär warf nur einen kurzen Blick darauf und winkt uns durch die Absperrung. So leicht hatte ich es mir nicht vorgestellt, und ich sollte recht behalten. Die Übergänge in den amerikanischen Sektor waren von jammernden Menschen blockiert. Wo man hinschaute, hatte sich das Elend breit gemacht und staute sich vor den Kontrollstellen. Immer wieder kämpften wir uns durch die wartende Menschenmenge und immer wieder wurden wir an dem amerikanischen Sektorenübergang zurückgewiesen. In der fünften Nacht übernachteten wir in einer Scheune, ich hatte mich tief im Stroh vergraben, um bei einer Kontrolle der russischen Soldaten nicht entdeckt zu werden. Als ich aufwachte und nach dem Paar im Stroh suchte, waren sie verschwunden und ich habe nie mehr etwas gesehen oder von ihnen gehört.

Immer wieder überlegte ich den schwierigsten Grenzübertritt zu wagen, die Oder zu durchschwimmen. Nach dem Verschwinden meiner beiden Begleiter hatte ich nun schon den zweiten Tag nichts mehr gegessen und ich konnte mir ausrechnen, wann ich zu schwach war, um einen Versuch zu wagen.

In der kommenden Nacht beschloss ich den Versuch zu starten. Stundenlang beobachtete ich den Rhythmus der Suchscheinwerfer, verfolgte die tastenden Lichtfinger entlang der Uferböschung und die reflektierenden Lichtkreise auf dem Fluss. Manchmal hörte ich das verfluchte „Stoi" und Gewehrschüsse und Schreie. Endlich brachte ich den Mut auf und stürzte die Uferböschung hinunter. Ich warf mich in den Schatten eines Abwasserrohres und wartete bis das Scheinwerferlicht über mich hinwegtanzte, dann schwamm ich mit kräftigen Armzügen auf das gegenüberliegende Ufer zu. Immer wieder tauchte ich, wenn die Scheinwerfer die Wasseroberfläche absuchten. Mit meinen letzten Kräften erreichte ich die andere Flussseite. Es war noch dunkel, aber im schummrigen Mondlicht sah ich, dass nicht weit von mir entfernt jemand auf dem Boden lag. Ich ging langsam auf die Person zu und sah zum ersten Mal in meinem Leben einen schwarzen, amerikanischen Soldaten. Er schaute mich verschlafen an und musterte mich von oben bis unten. Dann lächelte er und seine blendend weißen Zähne leuchteten in der Morgendämmerung. Er fragte: »Are you hungry?«.

Nass und zitternd stand ich vor ihm, die Anspannung der letzten Stunden machte sich bemerkbar und ich konnte nur nicken.

Er bot mir eine Dose mit Konservenwurst, Brot aus feinem Weißmehl und heißen Kaffee aus einer Feldflasche an. Dies war mein erstes menschliches Frühstück seit vielen Monaten und vor allem, er war der erste Mensch, der noch menschlich war. Wir saßen noch zwei Stunden zusammen. Er zeigte mir auf einer Landkarte, wo wir uns befanden und er erklärte mir genau den Weg, den ich einschlagen sollte. Als die Sonne aufging, wurde er von seinem Wachposten abgelöst und er verabschiedete sich mit einem freundlichen: »Very good luck, my friend.«

Diese Begegnung hatte mir alle Angst genommen. Ich traute mich nun auch bei Tageslicht meinen Marsch fortzusetzen, nur meine verschlissene Uniform musste ich los werden, um nicht als Soldat erkannt zu werden.

Einige Tage später kam ich im Morgengrauen durch eine kleine Gemeinde und sah, wie in einem Viehstall das Licht brannte. Ich ging vorsichtig durch die Stalltüre und sah, dass der Bauer bei der Kuh saß und mit dem Melken beschäftigt war. Diese Situation nützte ich aus und stahl einen an der Wand hängenden Stallkittel, nahm noch eine Mistgabel und verschwand in dem Glauben, dass mich nun jeder für einen Bauern halten würde.

Da ich immer schwächer, und der Hunger immer größer wurde, riskierte ich, in einem Bäckerladen nach einem Brot zu fragen, aber ich wurde nur beschimpft und wie ein Einbrecher behandelt. Ich war enttäuscht und wütend über diese Behandlung und als ich vor der Bäckerei ein Fahrrad stehen sah, habe ich meiner Wut Luft gemacht. Ich schwang mich auf das Fahrrad und trat kräftig in die Pedale. Ich fühlte mich wie ein König, denn meine Füße waren nur noch Hautfetzen. Leider waren es nur einige Kilometer, bis ich „mein" Fahrrad wieder los wurde. Während ich hinter einem Busch meine Notdurft verrichtete, wurde das Fahrrad wieder geklaut. Nun setzte ich alles auf eine Karte. Ich wusste, dass mich meine Füße nicht mehr lange tragen würden. Auf der Autobahn fuhren sehr viele amerikanische Militärfahrzeuge. Viele Fahrzeuge waren mit Negern besetzt, wie die Schwarzen damals noch genannt wurden. Ich stellte mich an die Autobahn und hoffte, dass ich von einem Armeefahrzeug mitgenommen würde. Nach wenigen Minuten hielt ein Fahrzeug. Ein baumlanger Neger grinste mich an und forderte mich auf einzusteigen.

Ich konnte bis in die Nähe von Salzgitter mitfahren. Während der Fahrt wurde ich mit Essen und Trinken versorgt und ich war überwältigt von der Herzlichkeit der meist farbigen US-Soldaten.

Als ich nach einigen Wochen, teils zu Fuß, teils als blinder Passagier auf Zügen, über Göttingen, Kassel und Fulda nach Bad Brückenau kam, haben mich meine Kräfte verlassen. Fieberanfälle schüttelten mich, und ich bekam einen Hautausschlag. Bei Bad Brückenau gab es ein amerikanisches Lager und ich sah keine andere Möglichkeit, als mich dort als deutscher Soldat zu melden.

Ohne große Fragerei wurde ich zuerst einmal ärztlich untersucht und mit Medikamenten versorgt. Nachdem ich dann meine Geschichte erzählt habe, hat mir ein deutschsprachiger Offizier mitgeteilt, dass sie in dem Lager keinen Platz für mich hätten und ich entlassen wäre.

Die medizinische Versorgung half mir über die nächsten Tage, aber in immer kürzeren Abständen bekam ich gesundheitliche Probleme. Die Strapazen der letzten Monate und das Ziel meiner Flucht so dicht vor Augen, verließen mich immer öfter die Kräfte.

Die wenigen Kilometer von Heidenheim bis Langenau, dem Wohnort meiner Schwester, wurden zu einer Qual, ich schleppte mich nur noch von Dorf zu Dorf. Als ich endlich in Langenau ankam war die Freude meiner Schwester unbeschreiblich. Ich wurde umsorgt und verköstigt, mit allem was die Lebensmittelmarken und der Schwarzmarkt hergaben.

Bereits nach zwei Tagen glaubte ich mich erholt und wollte weiter über Ulm nach Balzheim. Nach einigen Kilometern brach ich bewusstlos zusammen.

Am Straßenrand entdeckte mich ein Bauer. Er lud mich auf seinen Pferdewagen und nahm mich mit zu sich nach Hause. Wie mir später erzählt wurde, war ich drei Tage nicht ansprechbar. Als ich das erste Mal zu mir kam, sah ich in das Gesicht einer alten Frau. Sie stand über mich gebeugt, hielt meine Hand und sagte mir: »Du brauchst keine Angst zu haben, ich passe gut auf dich auf. Du bist bei uns in guten Händen.«

Ich weiß nicht genau, wie lange ich geschlafen habe, bis ich mitbekam, bei wem und wo ich mich befand. Eine Woche musste ich mich im Bett aufhalten und wurde mit viel Zuneigung gepflegt, bis ich die letzten Kilometer zurücklegen konnte und meine Eltern und Geschwister in die Arme schließen durfte.

Keiner, der den Krieg an der Front mitgemacht hat, wird die verlorenen Jahre vergessen können. Das Wissen, für eine falsche Sache, die noch dazu verloren war, gekämpft zu haben, ist deprimierend. Man kann sich aus einem vom Volk selbst verschuldeten und gewählten Schicksal nicht hinausschleichen. Nun hatte meine Heimat eine fremde Militärregierung. Einen Eindruck gibt ein Blick in die Stadtchronik und die Aufzeichnungen der damals üblichen Anordnungen:

Da gab es die Kleiderabgabe-Verordnung vom 17. Juli 1945: Jede deutsche Familie musste einen vollständigen Männeranzug (Rock, Weste, Hose), einen Hut und einmal Leibwäsche (Hemd mit Kragen, 2 Taschentücher, eine Unterhose, 1 Paar Socken, eine Krawatte) dazu 1 Paar Schuhe auf dem Rathaus abliefern. - Ohne Bezahlung. „Sämtliche Gegenstände müssen vollständig mit Knöpfen versehen und in einwandfreiem Zustand sein", hieß es weiter.

Es herrschte Versammlungsverbot. Mehr als drei Personen durften nicht zusammenstehen. Alle nationalsozialistischen Bücher, Schriften, und Liederheftchen mussten auf dem Rathaus abgegeben werden. Hausdurchsuchungen wurden angedroht.

Die Militärregierung verbot den freien Verkauf von Vieh und landwirtschaftlichen Produkten. Und Ende August wurde das Heizen bis auf weiteres verboten. Eine Ausgangsbeschränkung von 9 Uhr abends bis 5 Uhr früh wurde erlassen. Am 26. September erging die Anordnung, sämtliche Einwohner ab dem 12. Lebensjahr müssen im Rathaus erscheinen, zur Abnahme der Fingerabdrücke für die Registrierscheine.

Vom Oktober bis Dezember 1945 wurde die Gemeinde zu Abgabe großer Mengen Kraut, Salat, Kartoffeln, Tomaten, Bohnen oder Erbsen, Mohrrüben und Zwiebeln verpflichtet. Am 22.11.45 waren es noch einmal 200 kg Kartoffeln, 100 kg Äpfel, 100 Stück Salat, 30 Stück Lauch und 50 kg Erbsen; und am 17.12.45 musste die Gemeinde sieben Schlachttiere liefern. So ging es bis weit ins Jahr 1946 hinein, bis die Versorgung der Bevölkerung aufs Äußerste gefährdet war. Aber anstatt die Abgabemengen zu reduzieren, erging eine Flut von Erlassen, in denen den Landwirten scharfe Kontrollen und strenge Strafen angedroht wurden.

Im Herbst 1946 war ich gerade rechtzeitig wieder in der Heimat angekommen, für die ersten freien Wahlen seit 1933. Nachdem man sich im Dritten Reich die Finger verbrannt hatte, hielt sich das Vertrauen in die Politik und damit die Begeisterung in Grenzen.

Die Besatzungsmacht wartete brennend auf die Wahlergebnisse, denn für sie war es ein Gradmesser, ob wir noch am Nazisystem hingen oder ob wir gewillt waren, den neuen Weg zu gehen. Es hieß: »Ein Verharren in der Zurückgezogenheit oder eine Gleichgültigkeit ist unter keinen Umständen angebracht, denn der Aufbau des Vaterlandes kann nur erfolgen, wenn wir beweisen, dass wir gewillt sind, den neuen und besseren Weg zu gehen.«

BEI DER US-ARMEE

Eine Woche nach meiner Heimkehr stürmten am frühen Morgen zwei US-Soldaten mit vorgehaltenen Maschinenpistolen in mein Zimmer. Sie forderten mich auf, sofort mitzukommen. Da ich ja noch in einem erbärmlichen Zustand war, flehte meine Mutter die Amis an, mich doch hier zu lassen, aber das nützte natürlich überhaupt nichts.

Vor dem Haus meiner Eltern wartete ein Jeep, in den ich einsteigen musste. Die Fahrt ging zum Rathausplatz. Da standen andere eingesammelte Gefangene, die bereits für den Transport nach Frankreich in erneute Gefangenschaft eingeteilt waren.

Ich wurde von den anderen abgesondert und von einem Soldaten bewacht, bis alle auf Lastwagen verladen waren. Als die Lkws abfuhren, wurde ich zum US-Kommandanten, einem Major der US-Armee geführt. Nun kam ein nicht enden wollendes Verhör und ich war sehr erstaunt, was die Amis alles über mich wussten: Dass ich in Potsdam auf der Offiziersschule war, dass ich dort den Führerschein für alle Klassen gemacht hatte, dass ich Reiten konnte und dass ich den Schwimmschein gemacht hatte und vieles mehr.

Ich musste die mir gestellten Fragen meist nur noch bejahen. Das Hauptinteresse galt meiner Jugend in der Landwirtschaft und meiner Arbeit mit den Tieren, vor allem den Pferden. In unserem Dorf gibt es ein Schloss mit einem Gutshof. Der Hof hatte große Pferdestallungen mit Sättel und allem notwendigen Rüstzeug und die Amerikaner kommandierten mich als Reitlehrer ins Schloss.

Für mich begann ein kurzes Nachkriegswunder. Ich konnte alle meine Wünsche offen aussprechen, sie mussten nur irgendwie mit der Reiterei zu tun haben. Als erstes bekam ich einen US-Kübelwagen, damit ich auch alle Details organisieren konnte. Dann gab es eine Vollmacht der US-Armee, mit der ich so ziemlich alles beschlagnahmen konnte. Am wichtigsten war mir die Erlaubnis alle notwendigen Lebensmittel aus den Vorratsräumen des Schlosses holen zu können. Die Familie des Freiherrn von Massenbach, musste aus ihrem Schloss ausziehen und wurde als Untermieter auf einem Bauernhof einquartiert.

Ein Offizier der US-Armee war mit mir unterwegs, um alle für die Schloss-Reitschule notwendigen Pferde zu beschaffen. Natürlich nahmen wir nur das beste Pferdematerial, was damals aufzutreiben war. Danach musste ich Heu und Stroh besorgen, so dass der Reitbetrieb anlaufen konnte. Die vorhandenen Sättel der Schlossherrn waren mit glänzendem Silber beschlagen und auch sonst war alles in einem sehr gepflegtem Zustand.

Im Schloss waren nur hohe Offiziere der US-Armee und einige Wachsoldaten untergebracht. Da das Schloss schwer bewacht war und ohne Sondergenehmigung kein Durchkommen möglich war, bekam ich, als ein besonderes Privileg, einen Sonderausweis mit dem ich Tag und Nacht das Tor passieren konnte.

Es vergingen einige Wochen, bis ich zu den meisten Offizieren persönliche, oftmals freundschaftliche Kontakte hatte. Es gab einige Offiziere, die bereits gut reiten konnten, aber die meisten wollten erst das Reiten lernen. Vor allem an den Wochenenden wollten die meisten Offiziere in den wunderschönen Wäldern und Parkanlagen ausreiten, die größtenteils zum Schloss gehörten. Ich führte eine Namensliste der Offiziere, da spätestens am Donnerstag die Liste für das kommende Wochenende beim Kommandanten vorliegen musste. So wusste auch ich, welches Pferd mit wem unterwegs war. Natürlich musste ich mich hauptsächlich um die Amerikaner kümmern, die nicht alleine ausreiten konnten und die keine Erfahrung mit Pferden hatten.

Um überhaupt am Wochenende an ein Pferd zu kommen, wurde ich mit Geschenken überhäuft. Vor allem waren es Zigaretten und Schokolade, da ich aber Nichtraucher bin, habe ich die Zigaretten an Freunde und die Schokolade an die Dorfkinder verschenkt.

Eines Morgens kam ein Offizier zu mir in den Pferdestall, mit dem ich inzwischen gut befreundet war. Er erzählte mir im Vertrauen, dass die amerikanische Armee das Dorf räumen müsse und die französische Armee den Ort übernehmen würde.

Da ich aus russischer Gefangenschaft geflohen war und keinen Entlassungsschein als Kriegsgefangener hatte, bat ich den Offizier, mir zu helfen damit ich von den Amerikanern einen Entlassungsschein bekomme, aber das war unmöglich.

Bereits nach zwei Tagen wurden die Pferde abgeholt und niemand durfte mir sagen wohin. Damit endete meine schöne Zeit als Reitlehrer bei der amerikanischen Armee. Ich blieb zurück, ganz so als hätte man mich vergessen.

DROHT EINE ERNEUTE GEFANGENSCHAFT?

Noch immer stand der US-Kübelwagen bei meinen Eltern auf dem Hof und aus Mangel an einer vernünftigen Alternative trug ich meist die Ami-Uniform.

Deutschland war auf der Potsdamer Konferenz in Besatzungszonen eingeteilt worden. Urplötzlich waren für meinen Heimatort nicht mehr die Amerikaner zuständig. Die französischen Besatzungstruppen übernahmen die Verwaltung. Wir waren über Nacht Grenzgebiet geworden, denn die amerikanische Zone ging bis zum Nachbarort. Die nur 4,5 Kilometer entfernten Orte Dietenheim und Altenstadt waren für uns Balzheimer plötzlich Ausland, das man nur mit schwer erhältlichen Passierscheinen betreten durfte. Ein Arztbesuch, der Gang zur Apotheke oder zum Frisör, war nicht mehr selbstverständlich.

Zu sehr hatte der Krieg die Menschen demoralisiert, ihre Hoffnungen, die durch die NS-Propaganda in so reichem Maße geweckt worden waren, zerstört. Wer lebend aus dem Krieg heimgekommen war, war gezeichnet, körperlich und seelisch. Nur das Bewusstsein der totalen Niederlage und diese Demoralisierung ließ uns die Besetzung durch fremde Truppen ertragen.

Nach meinen Kriegserlebnissen, der Zeit der Gefangenschaft, der Flucht durch Polen und den guten Erfahrungen mit den Amerikanern, hatte ich jede Angst verloren.

Irgendwann in den letzten Monaten war ich neunzehn geworden. Neunzehn meist böse Jahre. Über siebentausend Tage, über einhundertsiebzigtausend Stunden vertanes Leben. Aber nun fühlte ich mich zum ersten Mal in meinem Leben als wirklich freier Mensch, ich wollte leben, arbeiten, etwas Neues aufbauen und die verlorenen Jahre mit meinen Freunden nachholen.

Dagegen sprach erst einmal der Befehl, mich innerhalb von

vierundzwanzig Stunden bei den Franzosen im fast einhundert Kilometer entfernten Ravensburg zu melden.

Am Abend traf ich meinen Schulfreund, der mit dem gleichen Problem konfrontiert war. Wir saßen in einer geselligen Runde zusammen und überlegten, was zu tun sei. Wir hatten zu dieser Zeit weder ein Fahrrad noch ein anderes Verkehrsmittel. Die Vorstellung, mit „meinem" Ami-Kübelwagen bei den Franzosen vorzufahren war geradezu verrückt. Wir entschieden uns, uns zu Fuß auf den Weg zu machen.

Wir waren ein verwegenes Paar. Ich trug noch immer die amerikanische Uniform. Mein Freund hatte eine kaum bis zu den Knien reichende, durchgewetzte Kordhose an und wegen seinem im Krieg verlorenen rechten Auge eine dunkle Augenklappe.

Nach einer guten Stunde Fußmarsch kam uns ein Pkw entgegen. Der blau übermalte „Kraft-durch-Freude-Wagen", später Volkswagen genannt, war der erste Privatwagen den ich nach dem Krieg gesehen habe. Ich stellte mich mit ausgebreiteten Armen mitten auf die Straße; und wir konnten es kaum glauben, der Fahrer hielt sofort an und ergab sich mit erhobenen Händen. Er war der Meinung, dass ich ein französischer Soldat auf Kontrolle wäre.

Mit einem etwas verstelltem Deutsch gab ich ihm zu verstehen, dass sein Auto beschlagnahmt sei, da wir sofort in unsere Kaserne nach Ravensburg müssten. Er fuhr uns ohne Widerspruch direkt zur französischen Kommandantur und dankte uns immer wieder, dass er sein Auto behalten durfte.

Nun standen wir vor der Meldestelle in Ravensburg und mit einem Schlag wurde uns bewusst, was mit einem Lausbubenstreich begonnen hatte, sollte nun wieder in Gefangenschaft enden. Mein Freund schüttelte den Kopf, grinste und zwinkerte mir mit seinem verbliebenen Auge zu.

»Michael, ich sehe nicht ein, dass wir freiwillig in die Gefangenschaft marschieren sollen. – Morgen, ist immer noch zu früh!«

Ich nickte nur und dachte, nicht einmal ein Esel ergibt sich freiwillig seinem Schicksal. Mir juckten die Narben im Gesicht, und das war ein untrügliches Zeichen, schleunigst zu verschwinden.

Da wir schon in der Stadt waren, beschlossen wir ins Kino zu gehen. Für mich, als vermeintlicher Angehöriger der französischen Armee, war der Eintritt frei, wie die Dame am Eingang vermerkte. Mein Freund machte sich einen Spaß daraus, die Kassiererin davon zu überzeugen, dass er als Einäugiger auch nur die Hälfte des Eintrittspreises bezahlen müsste.

Nach langem Diskutieren und Schäkern saßen wir beide kostenlos in der ersten Reihe und sahen den Film „Grosse Freiheit Nr. 7" von Helmut Käutner.

Hans Albers sang mit seiner rauchigen Stimme „La Paloma" und mit Hilde Hildebrand trällerte er den Schlager: „Beim ersten Mal da tut's noch weh".

Die Rollen der Hauptakteure Hans Albers als Hannes, Ilse Werner als Gisa und Hans Söhnker als Willem waren herzergreifend. Auch der Auftritt Hilde Hildebrands in der Rolle der Anita blieb für mich unvergessen. Die witzigen Rollen Gustav Knuths als Fiete, Günther Lüders als Jens und Helmut Käutners sorgten für Heiterkeit. Während den anderthalb Stunden hatten wir alles um uns herum vergessen.

Nach dem Kino standen wir verloren auf dem Marktplatz. Es war bereits nach 22 Uhr und wir brauchten dringend eine Unterkunft, denn noch immer galt die nächtliche Ausgangssperre. Wegen dem für uns geplanten Lageraufenthalt hatten wir kaum Geld in den Taschen.

Neben dem Kino ragte der traditionsbewusste Bau der Hotels „Schwarzer Adler" in den Nachthimmel. Neidisch beobachteten wir den regen Gästeverkehr. Das Haus war zu dieser Zeit größtenteils von den französischen Armeeangehörigen und ihren Familien beschlagnahmt.

Nach kurzem Überlegen bestimmte mein Freund: »Wir gehen einfach ins Hotel und fragen nach einem Zimmer mit Frühstück.«

»Ich weiß nicht«, sagte ich und schüttelte zweifelnd den Kopf.

»Ich halte es mit Goethe, der meinte: Es ist nicht genug zu wissen, man muss auch anwenden. - Es ist nicht genug zu wollen, man muss auch tun. – Also, los tun wir's!«

Bevor ich antworten konnte, zog er mich hinter sich her in die Empfangshalle. Seine Frechheit verschlug mir die Sprache, aber während ich noch immer über die Verrücktheiten meines Freundes grübelte, bekamen wir, nach einem Blick auf meine Uniform, ein Doppelzimmer auf der Etage der französischen Gästen zugewiesen.

Nach einem freundlichen: »Schlafens gut, meine Herrn«, der Dame an der Rezeption, war unsere Übernachtungsfrage gelöst. Im Hotelrestaurante präsentierten wir unseren Zimmerschlüssel und erhielten anstandslos ein erstklassiges Essen, ein paar Biere und jeder zwei Obstler.

Später, auf unserem Zimmer konnten wir unser Lachen nicht mehr zurückhalten. Wie Kinder tollten wir durch den Raum und lachten bis uns die Tränen über das Gesicht kullerten. Eigentlich sollten wir bereits bei Brotsuppe und Wasser im Gefangenenlager auf Strohsäcken liegen, anstelle dessen lagen wir vollgefressen und trunken zwischen Gänsedaunen.

Mit der Zeit machten sich die Biere bemerkbar. Beide drängte es uns zur Toilette. Das Badezimmer lag am Ende des Flurs. Als ich unsere Zimmertüre öffnete, fuhr ich erschrocken zurück, auf dem Flur hielten zwei französische Soldaten Wache. Mit umgehängten Karabinern marschierten sie den Flur auf und ab und versperrten uns den Weg zum Badezimmer.

Das Risiko entdeckt zu werden, ernüchterte uns schlagartig. Mein Freund ließ sich aber seine gute Laune nicht verderben. Er erklärte: »Bei etwas großzügiger Auslegung, haben wir unsere Pflicht erfüllt, wir werden von den Franzosen bewacht, und das entspricht schließlich den Umständen einer Gefangenschaft.«

Vor die Tür traute aber auch er sich nicht. Der Not gehorchend und damit dem eigenen Triebe, beschlossen wir die Töpfe der vor unserem Fenster blühenden Blumenpracht einer Fremdnutzung zuzuführen. Im wahrsten Wortsinne erleichtert, wollten wir gerade das Fenster schließen, als wir verhaltenes Kichern und das Flüstern französischer Mädchenstimmen hörten. Zwei Mademoiselles hatten uns heimlich aus dem Fenster des Nachbarzimmers beobachtet. Als sie unsere Verlegenheit bemerkten, lachten sie sich halb tot.

Sie gaben keine Ruhe, immer wieder klopften sie an die Wand, aber unsere Angst, als „blinde Passagiere“ entdeckt zu werden, verbot jede Kontaktaufnahme.

Am nächsten Morgen, bekamen wir als Armeeangehörige ein reichhaltiges Frühstück und keiner hielt uns auf, als wir freundlich winkend und ohne zu bezahlen, das Hotel verließen.

Mein Freund marschierte lustig pfeifend in die, der französischen Kommandantur entgegengesetzte Richtung und ich stolperte hinter ihm her. In dieser Richtung lag unser Balzheim; und damit war unausgesprochen klar, das Gefangenenlager musste ohne uns auskommen.

Dank meiner Uniform konnten wir auf dem Rückweg nach Balzheim mehrmals mit Armee-Fahrzeugen mitfahren. Zuhause angekommen erfuhren wir, dass wir bereits von den Franzosen gesucht wurden. Uns war bewusst, retten konnten uns nur ordentliche Entlassungspapiere der Amerikaner.

Wir zogen Bilanz: Da war noch immer der Ami-Kübelwagen; ich trug eine amerikanische Uniform und wir wussten, dass das nächste US-Lager im neunzig Kilometer entfernten Biesenhofen bei Kempten lag.

Unser Entschluss stand fest, Biesenhofen war unser Ziel. Die Fahrt verlief ohne Schwierigkeiten und in unserer amerikanischen Aufmachung konnten wir ohne anzuhalten durch das Lagertor fahren.

Ich bat darum, den Lagerkommandanten sprechen zu dürfen. Tatsächlich wurde ich auch vorgelassen und ich erzählte ihm meine Geschichte. Seine Familie war deutschstämmig und er sprach ein ausgezeichnetes Deutsch mit einer lustig klingenden hessischen Färbung. Er war ein sehr einfühlsamer und humorvoller Mensch. Bei diesem Gespräch habe ich erfahren, dass auch dieses Lager aufgelöst würde und die Zeit drängte. Wir bekamen einen Schlafplatz im Zelt Nr. 13 zugewiesen und redeten uns die ganze Nacht ein, dass die Dreizehn eine Glückszahl wäre.

Am nächsten Morgen mussten wir uns vom Lagerarzt untersuchen lassen. Als ich die Türe zum Arztzimmer öffnete, stand vor mir unser Hausarzt Dr. Guter, der mich bereits von Kindesbeinen an kannte. Diese glückliche Fügung und die Hilfsbereitschaft des Kommandanten verhalf uns zu unseren Entlassungspapieren und wir konnten das Lager wieder verlassen.

Niemand war aufgefallen, dass ich als entlassener Kriegsgefangener mit einem amerikanischen Armee-Fahrzeug unterwegs war, bis wir kurz vor Memmingen in eine Verkehrskontrolle der Militärpolizei kamen. Die Männer staunten nicht schlecht, da an meinem Fahrzeug sogar noch die Divisionsfahne hing. Das Fahrzeug wurde sofort beschlagnahmt. Mein Freund konnte nach Hause und ich musste mit nach Illertissen zum Verhör. Wieder erzählte ich meine Geschichte, aber nun konnte ich einen Entlassungsschein vorzeigen.

Mir wurde angeboten, wieder bei der US-Armee in Illertissen, im amerikanischen Sektor zu arbeiten. Ich wurde der Fahrer eines hohen Offiziers, hatte ein beeindruckendes Fahrzeug und viel Freizeit. Noch immer wohnte ich bei meinen Eltern. Meine Heimatgemeinde war inzwischen in französischer Hand und die Amerikaner waren abgezogen. Zum Dienst radelte ich mit dem Fahrrad und musste dabei jedes Mal die Grenze zwischen der amerikanischen und französischen Besatzungs-Zone überqueren.

Eines Tages überredete mich mein Schulfreund dazu, dass ich das Auto für einen gemeinsamen Sonntagsausflug mit über die Zonengrenze bringen sollte. Nach einigen Wochen ergab sich dazu die Gelegenheit. Während „mein" Offizier für einige Tage verreisen musste, lieh ich mir den Wagen aus.

Über die Zonengrenze gab es keine Schwierigkeiten, nur meine Zulassungs-Nummer wurde registriert. Am Samstagmorgen haben wir unsere Reise angetreten. Da es zu dieser Zeit noch keine deutschen Autos auf der Straße gab, wurden wir natürlich bestaunt, vor allem von den Mädchen.

Es ging zum Bodensee. Außer ein paar Armee-Fahrzeugen war die Straße nur für uns da. Wir machten sogar den Versuch in die Schweiz zu kommen, aber die Grenze blieb für uns geschlossen.

Es war ein wunderbares Wochenende. Mein Freund stellte mich den Mädchen vor: »Er ist ein „Dschi-Ei", ein Amerikaner. Do you understand, main Froy-lain?« und wir genossen es im Mittelpunkt zu stehen. Als wir am Sonntagabend in Richtung Heimat fuhren, bemerkten wir, dass uns ein Fahrzeug der Militärpolizei folgte, aber wir wurden nicht angehalten.

Am Montagmorgen fuhr ich zurück nach Illertissen und fing auch gleich an, den Wagen zu säubern, wurde aber bei meiner Arbeit jäh unterbrochen, indem ich kurzerhand ein Paar Handschellen verpasst bekam. Nach einigen Stunden wurde mir meine Strafversetzung mitgeteilt. Künftig musste ich mit einem schweren Tieflader Benzin von Augsburg nach Illertissen transportieren.

Natürlich war immer ein Ami als Aufpasser dabei. Mit Bill, meinem amerikanischen Aufpasser, verstand ich mich prima. Bill war Neger, schwarz wie die Nacht; und wenn er lachte, und er lachte viel, zeigte er ein strahlendweißes Gebiss. Er hatte ein großes Herz und eine selbstlose, fast naive Hilfsbereitschaft. Eines Tages schlug er vor, unterwegs in einem Metzgereigasthaus eine Vesperpause einzulegen.

Während wir aßen, schaute der Wirt sehnsüchtig durch das Fenster auf unseren mit Benzinknistern vollbeladenen Sattelschlepper; und ich merkte, wie in ihm ein Entschluss reifte. Als wir bezahlen wollten, nahm er allen Mut zusammen und stotterte: »Ob man statt mit Geld, nicht mit Benzin, äh, Sie begreifen schon, oder...?«

Bill und ich haben uns verstehend angegrinst und zustimmend genickt. Wir tauschten einen Kanister Sprit gegen unsere Mahlzeit und bekamen auch noch ein Paket mit Wurst und Fleisch mit auf den Weg, was damals mehr Wert besaß als Geld.

Im Laufe der Zeit wurde es ganz selbstverständlich, dass wir alle paar Tage bei unserem Wirt einen Besuch abstatteten. In der fünften Woche wurden wir bei einer unserer Tauschaktionen von der Militärpolizei beobachtet und prompt verhaftet.

Nach der getrennten Befragung wurde Bill zu vier Wochen Arrest verurteilt und ich wurde wieder strafversetzt, dieses Mal als Fahrer zu einer Spezialeinheit.

Der Spezialtrupp hatte die Aufgabe, alle Telefonleitungen zwischen Ulm und Memmingen „anzuzapfen". Die Gespräche wurden in Fahrzeugen, groß wie Autobusse, aufgezeichnet, die mit vielen technischen Geräten ausgestattet waren.

Mit einem dieser Fahrzeuge wurde ich betraut und als Fahrer eingesetzt. Ich wurde zu absolutem Stillschweigen verpflichtet, da es bei den Abhöraktionen vor allem um Telefonate der Franzosen und Engländer ging, die in den angrenzenden Zonen tätig waren.

Ich hatte bei diesen Aktionen sehr viel Freizeit und so kam es wie es kommen musste. Eines Tages stand ich mit dem Fahrzeug in der Nähe von Ulm, als ich einen Jugendfreund traf. Er bewunderte mein „großes Fahrzeug" und fragte mich, ob wir nicht damit im nahegelegenen Wald sein Holz abholen könnten. Ich ließ mich überreden und wir fuhren gleich los. Er staunte nicht schlecht, als er feststellte, dass es in dem Laderaum klingelte und tippte wie in einem Büro. Alles war bestückt mit „Hightech-Geräten", aber wir wollten trotzdem sein Holz mitnehmen und legten es zwischen die Geräte, wenn auch sehr vorsichtig.

Wir haben das Holz ausgeladen und den Wagen, soweit es in der Kürze der Zeit möglich war, wieder sauber gemacht. Dann fuhr ich an meinen mit den Amis ausgemachten Treffpunkt zurück. Als die Spezialisten zurückkamen und feststellten, dass die Geräte verstaubt und teilweise beschädigt waren, war meine Stunde gekommen, um mich von der amerikanischen Armee zu verabschieden.

Ich befürchtete eine angemessene Bestrafung, ja, vielleicht sogar Arrest, aber die Amerikaner waren mir nicht böse, sie fuhren mich sogar zur französischen Zonengrenze. Sie gaben mir aber den Rat mit auf den Weg, mich vorläufig nicht in der amerikanischen Besatzungszone sehen zu lassen. Den Rat nahm ich mir zu Herzen und begann mit meinem Privatleben.

NEUANFANG NACH KRIEG UND GEFANGENSCHAFT

Den Krieg und die Gefangenschaft überstanden und wieder zu Hause, konnte ich mein Leben nun selbst gestalten. Neben meinem Interesse an Chemie musste ich in erster Linie Geld verdienen, denn außer einer kurzen Hose und einem Hemd hatte ich nichts mehr.

Im Februar 1947 lernte ich auf der Zugfahrt, zurück von einem erfolglosen Bewerbungsgespräch, Herrn Dipl. Ing. Höner kennen. Er erzählte mir, dass er in Peenemünde mit Oberingenieur Nebel die ersten V-Waffen entwickelt hatte.

1934 übernahm das Heereswaffenamt die Raketenforschung. Wernher von Braun bestimmte in diktatorischer Manier, wer künftig an der nunmehr militärischen Raketenforschung beteiligt sein durfte und wer nicht. Da von Braun Nebel als Konkurrenten betrachtete, setzte er durch, dass dieser nicht übernommen wurde. Hinzu kam, dass Nebels Verlobte jüdischer Abstammung war, was als vorzügliches Argument genommen wurde, ihn nicht zu berücksichtigen. Später wurde sie verhaftet und in einem KZ ermordet. Welche Rolle hierbei von Braun gespielt hat, ist unklar. Sicher ist nur, dass er nichts zugunsten Nebels unternommen hat. Herrn Höners Meinung über von Braun ließ keine Missverständnisse aufkommen.

Herr Höner erzählte über die physikalischen und chemischen Versuche. Mich interessierte das Thema und mir imponierte seine offene und optimistische Art. Er fragte nach meinen zukünftigen Plänen und wir waren uns sehr schnell einig, einen eigenen kleinen Betrieb zu errichten.

Gebraucht wurde in dieser Zeit alles, was zum Leben nötig war. Aber auch nach Radios war die Nachfrage sehr groß; und alle größeren Firmen suchten Radio-Röhren. Für die Herstellung von Röhren-Sockel war ein Kunststoff notwendig, den es aber nur in beschränktem Umfange gab.

Wie die meisten Heimkehrer war auch ich, von der Lernwut besessen. Die Jahre des Krieges waren nachzuholen. Neu anfangen - Ich lebe nur einmal und jetzt musste ich doppelt leben und lernen.

Ich beschäftigte mich mit der Produktion von Kunststoff, der als Pressmaterial zur Herstellung der Radio-Röhrensockel verwendet werden konnte.

Wir bauten bei meinen Eltern eine Scheune zu einer kleinen Fabrikhalle um. Alles in Eigenarbeit mit Freunden und Verwandten. Durch die guten Beziehungen von Herrn Höner konnten wir schnell ein paar Pressen auf Pump kaufen und auch die notwendigen Presswerkzeuge zur Herstellung der Röhrensockel besorgen.

Da wir bereits die ersten Aufträge von zwei Radiofabriken hatten, lag es an mir, Pressmasse (Kunststoff) in größeren Mengen zu beschaffen. Bei Kleinversuchen hatte ich festgestellt, dass getrocknete und kleinzerfaserte Tannenzapfen, in denen viel Naturharz enthalten ist, zusammen mit einem Kunstharzanteil, einen idealen Pressstoff ergaben.

Nun galt es die Rohmaterialfrage zu lösen. Mit den Schülern der Volksschule vereinbarten wir, dass für jeden Sack Tannenzapfen eine Prämie bezahlt wurde. Ab diesem Moment war unser Hof und die Halle zugestopft mit Säcken voller Tannenzapfen. In zwei Mühlen wurden sie in Tag- und Nachtschicht zerkleinert und zerfasert und unsere Rohmateriallieferung war gesichert.

In kaum zwei Jahren hatten wir eine größere Halle gebaut und mit vierzig Mitarbeitern in zwei Schichten gearbeitet.

Wir produzierten inzwischen Stecker- und Steckdosen aus Kunststoff (Bakelite) und konnten den Betrieb erweitern für die Produktion der Kunststoffteile für Elektrogeräte, wie Bügeleisen und Waffeleisen. In unserer Gemeinde Balzheim war beinahe aus jeder Familie jemand bei uns beschäftigt.

Uns, die wir die Stunde Null bewusst miterlebt haben, erschien der Wiederaufbau geradezu als Wunder. In Balzheim rauchten wohl keine Ruinen, mussten keine Trümmer beseitigt werden; ein Neuanfang war es für die Gemeinde aber allemal.

Eine Gewerbegenehmigung, oder große bürokratische Hindernisse gab es nicht zu bewältigen. Alles war nur ein Ausprobieren. - Ich erinnere mich nur an einen bürokratischen Vorgang, als das Landratsamt Biberach von uns für das erste Motorrad im Kreis einen Bezugsschein der französischen Verwaltung verlangte; den wir auch problemlos bekamen. - Es gab keine Gewerkschaften, keine Krankenkasse und so fand ich es auch nicht ungewöhnlich, dass mein väterlicher Kompagnon stets gegen einen schriftlichen Vertrag war. Er vertrat die Meinung, dass zwei gleichberechtigte Partner keine Verträge bräuchten.

Bis zur Währungsreform am 20. Juni 1948 vergingen noch einige Monate, aber schon Weihnachten 1947 warf sie ihre Schatten voraus.

Im Oktober 1947 notierte der Schwarzmarkt Pfundpreise für: Kaffee 350-380 Reichsmark, Butter rund 250 RM, Zucker 80 RM und Brot oder ein Ei 10 RM. Für 20 amerikanische Zigaretten bezahlte man 100-120 RM. Seidenstrümpfe kosteten 200 RM und Herren- oder Damenschuhe über 1 000 Reichsmark.

Zum Jahresende nahm kaum noch jemand Papiergeld an und wenn doch, waren die Preise doppelt so hoch wie noch drei Monate zuvor. Bis dahin waren achtzig Prozent des Handels Kompensationsgeschäfte, nun fast einhundert Prozent. Die Lieferanten bevorzugten Naturalzahlungen und die Käufer bezahlten mit Tauschobjekten. Meist wurden mit der eingetauschten Waren unsere Arbeiter bezahlt und der Gewinn floss in den Aufbau der Firma.

Zwölf Tage nach meinem einundzwanzigsten Geburtstag war es soweit. Das neue Geld hieß wie das alte, Mark; nur vom Reich war nichts mehr zu sehen.

Mit dem Kopfgeld von 40 Deutschen Mark in der Tasche begann auch mein Einstieg in das Wirtschaftswunder, manchmal geplant, aber oft wurde ich auch widerwillig mitgeschleift vom Schicksal, dem ich letztlich dafür dankbar bin.

Mit der Zeit zog sich mein Partner immer mehr ins Privatleben zurück. Er war auch etwas kränklich und musste sehr oft zur ärztlichen Behandlung. In manchen Wochen kam er nur noch einmal in den Betrieb.

Bis 1950 hatte sich der Betrieb so entwickelt, dass selbst von meiner Familie drei Personen beschäftigt waren, da es zu dieser Zeit im Umkreis von 30 km kaum eine andere Beschäftigungsmöglichkeit gab.

Eines Tages kam ich morgens ins Büro und die Mitarbeiter standen vor verschlossenen Toren und Türen. Gegen 10.00 Uhr kam ein in feinen Zwirn gekleideter Mann und erzählte uns, dass der gesamte Betrieb ihm gehöre und nur noch nach seinen Anordnungen gearbeitet werden dürfte. In meinem Betriebsbüro berichtete er mir, dass mein Kompagnon von ihm viel Geld geliehen hätte und er ihm den Betrieb als Sicherheit überschrieben hätte. Nun könnte Herr Höner, den Kredit nicht zurückbezahlen und darum fordere er jetzt sein schriftlich vereinbartes Recht. Ich habe daraufhin sofort die Bank angerufen und musste feststellen, dass das gesamte Firmenkapital abgehoben wurde. Ich war wie vor den Kopf geschlagen. Herr Höner war mit unbekanntem Ziel verreist und ich überlegte fieberhaft, was ich ohne schriftliche Vereinbarungen unternehmen könnte.

Bald wurde mir klar, worin der eigentlich Sinn meiner Arbeit und der Wert meiner Firmenbeteiligung lag. Die von mir immer weiter fortentwickelten Rezepturen für unsere Kunststoffe waren das wirkliche Kapital.

Nach wenigen Monaten wurde der Betrieb in Balzheim geschlossen. Später habe ich erfahren, dass der neue Besitzer ein Betrüger und Gauner war und mehrere Firmen in die Pleite getrieben hatte.

Hoffnung ist nicht die Überzeugung dass etwas gut ausgeht, sondern die Gewissheit, dass etwas Sinn hat, egal wie es ausgeht.

Váslav Havel

Am Freitag, dem 14. Mai 1948, ging ich morgens zum Postamt, um die Post abzugeben. Am Schalter machte ich noch einen kleinen Plausch mit dem Posthalter, der mir die Tagesneuheiten von der Gründung des Staates Israel mitteilte.

Außerdem erzählte er mir, dass seine Kusine bei ihm zu Besuch sei. So ganz nebenbei fragte er mich, ob ich sie in den nächsten Tagen mit meinem Motorrad nach Hause fahren könnte, nach Mettenberg bei Rot a. d. Rot, »...es sind ja nur knapp fünfzig Kilometer«, appellierte er an meine Hilfsbereitschaft.

Mein Motorrad war damals das einzige Fahrzeug im Bezirk Laupheim, ja, im ganzen Kreis Biberach. Aber fünfzig Kilometer hin und wieder zurück, waren für mein Motorrad schon sehr weit, da der Keilriemenantrieb und die Reifen mit Isolierband zusammen gehalten wurden.

Zwei Tage später sah ich „Kusine Irma" zum ersten Mal. Sie setzte sich auf mein Vehikel, jung und schön, aber mit zitternden Knien, und wir fuhren los, mit einem Tempo, ja, mindestens vierzig Stundenkilometer.

Wir erreichten Irmas Elternhaus ohne große Probleme. Es war ein Bauernhof mit Stallungen für alle möglichen Tiere und es sah nach sehr viel Arbeit aus. Ihre Mutter kam gerade vom Mähen, natürlich mit der Sense und das alleine, da auch ihr Mann im Krieg geblieben war.

Sie musterte mich von oben bis unten.

»Schade, dass Sie nichts von der Bauernarbeit verstehen, sonst würde ich Sie am Wochenende zum Heueinfahren einladen.«

Ich schmunzelte nur und ließ mir das Vesper schmecken, das ich für meinen Transport mit dem Motorrad, als Belohnung bekommen hatte.

Am nächsten Wochenende fuhr ich zur Heuernte nach Mettenberg. Bereits am Freitagabend gegen 22 Uhr kam ich an, da ich wusste, dass das Gras noch taufeucht sein musste, um es mit der Sense zu mähen.

Früh am Morgen, noch vor Sonnenaufgang, ging es los. Die Sense auf der Schulter, den Wetzstein in der Hosentasche und bereits um 4.30 Uhr machte ich den ersten Schnitt.

Die Bäuerin staunte nicht schlecht, als ich ihr sogar noch mit einem sauberen Schnitt „auf und davon" mähte. Sie wusste natürlich nicht, dass ich seit meiner frühesten Jugend jede Heuernte miterlebt hatte und schon als kleiner Junge alle auf einem Bauernhof anfallenden Arbeiten lernen musste.

Da die Bäuerin abends am Ende ihrer Kräfte war und neben der Stallarbeit auch noch das Essen zubereiten musste, habe ich mich einfach unter die Kühe gesetzt und gemolken.

Diese Wochenenden auf dem Bauerhof haben sich über den ganzen Sommer hingezogen und ich wurde mit viel Essbarem belohnt.

Ich hörte immer wieder aus den Gesprächen mit der Bäuerin heraus, dass ich doch gut zu ihrer Tochter passen würde, mit dem Zusatz: »...obwohl Sie kein Bauer sind.«

Auch im nächsten Jahr war ich jedes Wochenende auf dem Hof und gehörte schon fast zur Familie. Mir war keine Arbeit zu viel und außerdem war es eine Abwechslung zu meiner Tätigkeit, als „Ingenieur" im Betrieb.

Da ich nun die „Tochter Irma" bereits ein Jahr kannte und wir uns auch näher gekommen waren, meinte die Bäuerin: »Ihr könntet doch im Herbst heiraten, dann gehört Michael ganz zur Familie« und so haben wir uns am 17. September 1949 in der Dreifaltigkeitskirche in Oberbalzheim trauen lassen.

Es war ein Fest für das ganze Dorf, da von den meisten Familien ein Mitglied in unserer Firma arbeitete, es war ja auch meine Firma und mein Beitrag zum Wiederaufbau Balzheims.

Die 50er Jahre - Vier Jahre nach dem Krieg wurde die Bundesrepublik gegründet. Damals war „Vergangenheit" Gewesenes, vorbei, verdrängt und vergessen.

Im Februar 1950 wurden noch 2,01 Millionen Arbeitslose

gemeldet, aber unter Wirtschaftsminister Erhard (CDU) gingen die Arbeitslosenzahl in wenigen Monaten auf 1,4 Millionen zurück.

Nachdem unsere Firma „Höner“ in Oberbalzheim geschlossen wurde, bekam ich von einem großen Chemiewerk einen Arbeitsvertrag. Nun hatte ich die Möglichkeit, mich in meiner Lieblingsbeschäftigung mit der Chemie auszutoben. Jede Veränderung eines von Spezialisten erstellten Rezeptes habe ich genau unter die Lupe genommen, um herauszufinden warum die Veränderung veranlasst wurde.
Schon nach kurzer Zeit konnte ich eine Abteilung übernehmen und mich zum Betriebsingenieur weiterbilden.

Viele Geschehnisse zogen an mir vorbei wie die Jahreszeiten: Am 12.02.1951 heiratete der Schah von Persien in zweiter Ehe Prinzessin Soraya, deren Mutter aus Berlin stammte; und am 7. Juni vollstreckten die Alliierten in Landsberg die letzten sieben Todesurteile gegen NS-Kriegsverbrecher. In der deutschen Rechtssprechung war die Todesstrafe bereits 1949 abgeschafft worden.

Für meine Familie blieb in den 50er Jahren nicht allzu viel Zeit, da ich neben den Weiterbildungskursen auch noch ein Haus in Oberbalzheim gebaut hatte. Das Grundstück konnte ich von einem Nachbarn sehr günstig erwerben und mit Freunden und Verwandten machten wir den größten Teil der Arbeiten in Eigenleistungen.

Unsere Freude war groß, als wir am 07. Juni 1952 unser erstes Kind, die Tochter Edith bekamen. Bald merkten wir, dass sie nur ruhig schlafen konnte, wenn sie ihren kleinen Kopf an mich drücken konnte; und so traute ich mich oft die ganze Nacht nicht, mich umzudrehen, um sie nicht zu wecken.
Wenn ich zur Arbeit musste brach für sie eine Welt zusammen und es dauerte oft Stunden, bis sie sich wieder beruhigt hatte.

In den folgenden Jahren war viel oder auch wenig geschehen, je nachdem, aus welcher Ecke man es betrachtete.

Manches spielt sich am Rande des Lebens ab. Dinge geschehen, an die man sich später kaum noch, oder gar nicht erinnert; und manches berührte mich oder ließ mich nachdenklich oder kopfschüttelnd zurück:

Am 02.03.1953 erlitt Stalin, 73, in Moskau einen Gehirnschlag und drei Tage später starb er. Nach Malenko übernahm Nikita Chruschtschow die Führung. Edmund Hillary, 33, gelang am 29. April die Erstbesteigung des 8 848 Meter hohen Mount Everest. Am 17.06. begann der blutige Aufstand in der DDR.

Am 01. März 1954 zündeten die USA die bisher größte Wasserstoffbombe im Pazifik, bei den Marshall-Inseln, 600-mal stärker, als die Atombombe von Hiroshima. Sogar in der Nähe von Heidelberg gingen radioaktive Teilchen nieder. Mit einem 3:2 Sieg über den Favoriten Ungarn wurde Deutschland am 04. Juli erstmals Fußball-Weltmeister. Deutschland hatte sich sportlich in der Weltgemeinschaft zurückgemeldet. Am 2. Oktober wurde auf der Londoner Außenministerkonferenz die Wiederbewaffnung der Bundesrepublik und Aufnahme in die Nato beschlossen.

Am 18. April 1955 starb im Alter von 76 Jahren in Princeton/USA Albert Einstein, der in Ulm, unweit meiner Heimatstadt geborene und berühmteste Naturwissenschaftler der Neuzeit (Relativitätstheorie). Den Nobelpreis erhielt er bereits 1921. Anfang Mai war das Ende der Besatzungszeit angebrochen. Die alliierten Dienststellen wurden abgeschafft. Die BRD wurde entgültig in die Nato aufgenommen. Als Reaktion darauf schlossen sich die sozialistischen Länder am 14. Mai zum Warschauer Pakt zusammen. In der Schweiz starb am 12. August Thomas Mann, 80, der bedeutendste deutsche Erzähler des 20. Jahrhunderts (Buddenbrooks).

Am 24. Oktober 1956 begann der Aufstand in Ungarn.

In Rom unterschrieben am 25. März 1957 sechs Staaten (BRD, Frankreich, Italien, Niederlande, Belgien, Luxemburg) einen Vertrag über eine europäische Wirtschaftsunion

(EWG). Am 01. April rückten die ersten 10 000 Wehrpflichtigen des Jahrgangs 1937 in die Kasernen ein. Acht Wochen später ertranken 15 Rekruten im Gebirgsfluss Iller. Rund 150 Rundfunkanstalten übertrugen am 23. April weltweit eine Ansprache des Nobelpreisträgers Albert Schweitzer (1875-1965), der vor den Gefahren durch Atomstrahlen warnte und zur Einstellung der Atomwaffen-Versuche aufrief. Am 3. Oktober wurde Willi Brandt, SPD, Regierender Bürgermeister von West-Berlin.

1958 wurde mit 330 000 der bisher niedrigste Nachkriegsstand der Arbeitslosenzahlen erreicht.

Meine Familie konnte inzwischen in unser neugebautes Haus einziehen. Im Garten meldeten sich die ersten Blumen und wir waren stolz darauf, im eigenen Heim zu wohnen. Aber unser größtes Glück war es, als am 04. April 1958 unser Sohn Bruno das Licht der Welt erblickte und die Familie nun auf vier Personen angewachsen war.

1959 erhielt die Bundeswehr nach und nach 300 US-Düsenjäger vom Typ Starfighter. 260 Maschinen stürzten ab und 110 Piloten wurden dabei getötet. Der Schahs von Persien heiratete am 21.12. in einer prunkvollen Hochzeit die 21 jährigen Studentin Farah Diba. Es war seine dritte Ehe.

Ab Mitte der Fünfziger Jahre wurden die Deutschen vom Reisefieber erfasst. Italien wurde zum liebsten Ziel. Die mit dampfenden Kühlern nach Süden drängenden Autos hießen: Volkswagen, Lloyd, Borgward, Messerschmidt und DKW. Die wichtigste Freizeiterfindung war der Dachgepäckträger und auf den Autodächern türmten sich die Zeltausrüstungen.

Sonne, Strand und Meer blieben für mich in dieser Zeit nur Träume. Mit Willen, Fleiß und großem Interesse stürzte ich mich in meinen Beruf als Kunststoffchemiker.

Inzwischen war ich so selbständig in der Entwicklung neuer Verfahren und Rezepturen, dass ich als erste Aufträge eine

Produktionsanlage in Deutschland und 1959 eine Anlage in Holland zur Inbetriebnahme und zum Einfahren meiner neuen Rezepturen bekam und dabei erste beeindruckende Erfolge erzielte.

Die 60er Jahre - Es war ein Jahrzehnt der Proteste und des Wandels, vom „Ende der Nachkriegszeit“ wurde gesprochen. Aber es gab auch Krisen: Die erste Wirtschaftskrise von 1966/67 und die innenpolitische Krise, ausgelöst durch die Studentenbewegung von 1967/68.

Am 23.05.1960 wurde der ehemalige SS-Obersturmbannführer Adolf Eichmann, von 1941 bis 1945 verantwortlich für die „Endlösung der Judenfrage“, in Argentinien vom israelischen Geheimdienst aufgespürt und nach Jerusalem gebracht. Am 29. Mai wurde er durch den Strang hingerichtet.

Der Nachfolger von Dwight D. Eisenhower wurde am 09. November John F. Kennedy. Er war mit 43 Jahren der jüngste Präsident der USA.

In Südafrika wurde die Befreiungsbewegung des Afrikanischen Nationalkongresses (ANC) verboten.

Im Jahr darauf wurde Franz-Josef Strauß zum neuen Vorsitzenden der Christlich-Sozialen Union (CSU) gewählt.

Am 22. Oktober 1962 begann die Kuba-Krise.

Am 22.11.1963 wurde bei einer Fahrt im offenen Wagen durch Dallas/Texas der US-amerikanische Präsident John F. Kennedy erschossen.

Beim „Marsch auf Washington“ protestierten 200 000 Menschen unter Führung Martin Luther Kings (1929-1968) gegen die Rassendiskriminierung und forderten die Gewährung der Bürgerrechte für Schwarze in den USA.

1964 übernahm Jassir Arafat den Vorsitz der „Fatha-Bewegung zur Vertreibung der Israelis aus Palästina“. Im gleichen Jahr erklärte die Volksrepublik China im Besitz der Atombombe zu sein.

Im Jahr 1965 brachten die Bundestagswahlen einen klaren Wahlsieg der CDU/CSU unter Kanzler Ludwig Erhard. Um die Prozesse gegen Nazi-Verbrechen fortsetzen zu können, beschloss das Parlament, dass die im Strafgesetzbuch verankerte Verjährungsfrist für Morde von 1945 bis 1949 „geruht" habe.

In Vietnam weiteten sich die Militäraktionen aus. Noch im gleichen Jahr wurden 500 000 US-Soldaten nach Vietnam gebracht.

In der USA verstärkten sich die Rassenunruhen.

Am 30.11.1966 scheiterte die CDU/CSU-Regierung Ludwig Erhard an der schwachen Finanzlage des Bundes und der Wirtschaftskrise (deren Ursache war der durch den Vietnamkrieg instabile Dollar). Kurt Georg Kiesinger wurde zum Kanzler gewählt. Er bildete zusammen mit der SPD eine Große Koalition (Willi Brandt wird Außenminister).

Nach 20-jähriger Haft wegen Kriegsverbrechens wurden der Nazi-Ideologe Baldur von Schirach und Hitlers Architekt Albert Speer entlassen.

Am 19. April 1967 starb Konrad Adenauer, 91, der erste Bundeskanzler der Bundesrepublik.

In Südafrika wurde am 3. Dezember 1967 die erste teilweise erfolgreiche Herztransplantation von Dr. Christiaan Barnard vorgenommen. Der Empfänger starb nach 18 Tagen an einer Lungenentzündung.

Nach nunmehr fast 10-jähriger Weiterentwicklung neuer Verfahren (Kunststoffrezepturen) veränderte sich Mitte der 60er Jahre meine Tätigkeit zum freiberuflichen Berater verschiedener Großunternehmen.

Manchmal, wenn ich in der wenigen freien Zeit, auf mein vergangenes Leben blickte, wunderte ich mich selbst, was aus dem kleinen Bauernjungen, dem Soldat und dem einstigen Kriegsgefangenen geworden war. – Aber die Veränderungen im Jahr 1968 hätte ich nicht in meinen kühnsten Träumen vorausgesehen.

Das Beste an der Zukunft ist, dass sie uns immer einen Tag nach dem anderen serviert wird.

Abraham Lincoln

Die Kunststoffindustrie hat im zwanzigsten Jahrhundert eine so gewaltige Weiterentwicklung erlebt, dass selbst die Stahlindustrie in den Schatten gedrängt worden ist.

Seit 1945 kann man in allen Haushalten unabhängig von sozialem Stand oder von der Lage - ob nun in abgelegenen Dörfern, in Großstädten, in Industrieländern oder in Agrarwirtschaften - Polystirol, Polyvinylchlorid (PVC), Polyamid, Polyäthylen und Polypropylen finden.

Nie hat es in der Geschichte der Menschheit ein vergleichbares Phänomen gegeben, das sich in so großem Umfang und mit einer so schnellen Dynamik ausgebreitet hat. Nach und nach sind die traditionellen Materialien durch neue synthetische Substanzen ersetzt worden. Die Strukturen und die ergonomischen Formen der Werkzeuge, Geräte und Gegenstände aus dem täglichen Gebrauch, mit denen sich der Mensch umgibt, sind neu überlegt und realisiert worden.

Die gleiche Schüssel, aus dem gleichen Material, in den gleichen Farben und Formen können wir heute in Indien, in Boston, in Moskau oder auch genauso gut in Paris oder in Südafrika wiederfinden.

DIE GROSSE ENTSCHEIDUNG

Bei Hannover hatte ich gerade eine Industrie-Anlagen zur Herstellung von Kunstharzen, Lacken und Leimen erstellt und die dazu notwendigen Rezepte entwickelt, als ich von der Konzernleitung zu einem Gespräch eingeladen wurde.

Ich wurde informiert, dass eine Gruppe von Gold- und Diamantenminenbesitzer beabsichtige in Südafrika drei Industrie-Anlagen zu erstellen, darunter eine Anlage zur Herstellung von Kunstharzen, Lacken und Leimen.

Der Konzernchef war ein sanftmütiger kleiner Herr mit dunklem, sich lichtendem Haar. So zierlich, dass er sich bei aufkommendem Wind überall festhalten musste, als sei grober Seegang, sonst wäre er umgeblasen worden - und ausgerechnet er war, man soll's nicht glauben, einer der erfolgreichsten Kapitäne des deutschen Wirtschaftswunders. Wenn er das Wort ergriff und seine tiefe Stimme um Ruhe bat, glaubte man an ein Wunder. Er war ein Meister der Rhetorik, ein Überzeugungskünstler; und er war der festen Überzeugung, dass ich eine Anlage, wie die eben in Hannover fertiggestellte, auch in Südafrika aufbauen und mit meinen Rezepturen in Betrieb nehmen könnte. Für die zwei weiteren Fabrikanlagen war ein Kollege aus Frankfurt vorgesehen.

Der Vorschlag begeisterte mich und wir waren uns schnell einig. Eine Produktionsanlage war eine präzise definierte Aufgabe und ich war überzeugt, die zeitlich befristete Trennung von meiner Familie verantworten zu können.

Einige Wochen später saß ich am Kopfende des Konferenztisches in einem Hotel in Hannover. Mir gegenüber war der Platz noch freigehalten für den Kollegen aus Frankfurt. Links von mir saßen, aufgereiht wie auf einer Perlenschnur neun Männer der südafrikanischen Delegation. In ihrer Mitte ihr Chef, einer der Minenbesitzer, ein großgewachsener, grauhaariger Herr mit einem beindruckenden Kaiser-Wilhelm-Bart. Er war stämmig und muskulös, mit breiten Schultern und durch das dünne Hemd drückte sich eine Brust, auf der man Steinplatten zertrümmern konnte. Sein Haar stand ihm vom Kopf ab, als hätte er sich mit einem Küchenquirl gekämmt. Er war beeindruckend und beherrschte die Konferenz mit seiner Ausstrahlung.

Den Südafrikanern gegenüber saßen sechs Herren unseres Konzerns. Unser Konzernchef war geradezu winzig im Vergleich zu seinem Gegenüber. Aber, wie er mich vorab wissen ließ, würde er heute „Nägel mit Köpfen machen", da die meisten Produktionsmaschinen bereits fertig zum Versand in den Hallen standen.

Nach einem Willkommenstrunk begann die Besprechung. Da die meisten technischen Fragen bereits geklärt waren, ging es hauptsächlich um die Frage der Vertragsdauer der Fachleute, also um mich und den immer noch nicht eingetroffenen Fachmann aus Frankfurt.

Nach Stunden kam ein Telex aus Frankfurt mit der Mitteilung, dass der Herr sich die Aufgabe nicht zutraue und deshalb nicht mit nach Südafrika kommen würde, trotz vorheriger Zusage.

Mein Konzernchef wischte sich unbeholfen die Schweißperlen vom Gesicht und blickte mich hilfesuchend an. Ich verstand ihn gut, so etwas konnte auch ein zartes Gemüt zur Raserei bringen. Die Bezahlung und der Versand der Maschinen hing ja davon ab, dass die notwendigen Fachleute zur Verfügung standen, andernfalls könnte das ganze Geschäft platzen.

Nach langen Streitereien der Parteien kam der Leiter der südafrikanischen Delegation zu mir und fragte mich, ob ich mir zutrauen würde, alle drei Anlagen zu übernehmen, das heißt Planung, Errichtung der Produktionshallen, Aufbau der Produktionsstraßen sowie An- und Einfahren der kompletten Anlagen, bei gleichzeitiger Erstellung der Rezepturen, ausgerichtet für diese Anlagen und für die afrikanischen Verhältnisse. Dies hörte sich für mich, wie eine beinahe unmögliche Aufgabe an.

Der Minenbesitzer zwirbelte die Ecken seines Kaiser-

Wilhelm-Barts, dann legte er mir seine riesigen Hände auf die Schultern und sagte: »Denken Sie an Albert Einstein, ihm war klar: Wenn eine Idee nicht zuerst absurd erscheint, taugt sie nichts.«

Mein „Chef" faltete die Hände und starrte mich über die Spitze seiner Finger hinweg an, als wolle er mich hypnotisieren.

»Herr Erhardt, die Entscheidung liegt alleine bei Ihnen – wir können Sie nur bitten.«

Mein Herz klopfte bis zum Hals. Alleine, an meiner Entscheidung hing der gewaltige Auftrag; und die Dauer der Arbeit verlangte einen Umzug der ganzen Familie nach Südafrika. Ich spürte tatsächlich meinen Pulsschlag bis in die Mundwinkel. In meinem Schädel rauschte das Blut, als passiere es einen Kocher. Ich hätte gerne einen Spiegel gehabt, um zu sehen, ob mein Kopf glutrot war.

Ich erkämpfte mir eine Bedenkzeit von zwei Tagen, aber insgeheim hatte ich mich bereits entschieden. Als ich in den frühen Morgenstunden nach Hause kam und meiner Frau die Geschichte erzählte, meinte sie schlaftrunken: „Bist du statt bei einer geschäftlichen Besprechung in der Kneipe bei Bier und Schnaps gewesen?"

Die nächsten beiden Tage waren ein ständiges Abwägen der Vor- und Nachteile. Aber da wir kaum etwas über Südafrika wussten, blieb schließlich nur die Frage übrig „Haben wir genügend Mut für ein solches Abenteuer?"

Als das endgültige „Ja" gefallen war, rückte ich damit heraus, dass man uns, mich samt Frau und Kinder, bereits in einer Woche in Johannesburg erwarten würde.

ANKUNFT IN JOHANNESBURG - SÜDAFRIKA

Wenn ich heute lese: Frankfurt-Johannesburg, Entfernung: 9 393 km, Reisezeit: 13 Std. 50 Min., Zeitverschiebung MEZ: 2 Std., klingt das nach einem Ausflugsziel für ein verlängertes Wochenende. 1968 war der Werbespruch der Deutschen Lufthansa „Gibt es Besseres, als die Welt im Flugzeug zu entdecken?"; und so war es auch, eine Entdeckungsreise, ein Abenteuer.

Am Flughafen Johannesburg wurde ich mit meiner Frau und unseren beiden Kindern empfangen, als sei das deutsche Staatsaberhaupt zu Besuch gekommen. Eine Delegation mit vier Pkws fuhr mit uns vom Flughafen durch die Stadt Johannesburg zu unserer Wohnung.

Nach meinen ersten Eindrücken hatte Johannesburg die Schönheit nicht gerade gepachtet. Aber wie ich bald feststellte, hat die Stadt viele, sich erst auf den zweiten Blick erschließende, Reize: Ausgezeichnete Hotels und Restaurants, Einkaufsstraßen, Galerien, Museen und Theater und eine Dynamik, ein ungezügelter Lebensdurst spiegelt sich im sozialen wie im wirtschaftlichen Leben wieder.

Das Herz Johannesburgs ist ein Mikrokosmos des Landes, ein kulturelles Kaleidoskop der Vergangenheit und der Zukunft: Moderne Türme stehen Zeitzeugen der Goldrauschtage gegenüber, und in Gebieten mit etablierten portugiesischen, indischen und chinesischen Händlern drängeln sich afrikanische Läden und Straßenhändler.

Auch die umliegenden Vororte sind nicht ohne Reize: Der Grüngürtel entlang des Braamfonteinspruit und die vielen baumgesäumten Golfplätze, sind angenehme, hübsche Orte, wie die Vororte im Norden.

Hier hatte der Konzern für uns bereits eine mit allem Komfort ausgestattete Wohnung vorbereitet. Meine Frau und die Kinder begannen mit leuchteten Augen unser neues „Zuhause" zu erforschen. Nach einem kurzen Aufenthalt brachte man mich direkt zum Büro, das mitten in der Stadt lag. Das mehrstöckige Gebäude war aufs modernste eingerichtet und mit viel Marmor und Mahagoniholz veredelt. Für meine Arbeit war ein ganzes Stockwert bereitgestellt, alles noch ohne Leben und arbeitende Menschen.

Die Herren, die mich hier herbrachten, verabschiedeten sich und ich stand ganz allein mit vielen Plänen unter dem Arm, wie von allen Verlassen, mit etwas zitternden Knien, in den riesigen, leeren Räumen.

Nach gut einer Stunde kam ein Schwarzer zu mir, mit einer Hand voll Schlüssel und bemühte sich vergeblich mir verständlich zu machen, zu welchen Räumen und Autos sie gehörten. An meiner „Gebärdensprache", dem international verständlichen Achselzucken, merkte er schnell, dass ich sein „Afrikaans" nicht verstand. Hilflos schauten wir uns an und waren wohl beide froh, als ein weiterer Schwarzer auftauchte und mir das Ganze gestenreich in englisch erklärte.

Mein großes Interesse galt den Autoschlüsseln. Er zeigte mir die Tiefgarage, da standen ein kleines Vermögen, gut 20 fabrikneue Volvos in allen Farben. Ich konnte mir also eine der Luxuskarossen aussuchen und auch ausprobieren.

Als alle Leute das Gebäude verlassen hatten, ging ich auf die Suche nach meinem Wunschfahrzeug. Ich entschied mich für einen blauen Volvo mit einer edlen Innenausstattung – aber, das Steuer war auf der rechten Seite, da in Südafrika noch links gefahren wird.

Ich setzte mich in meiner Begeisterung hinter das Steuer und legte den Rückwärtsgang ein. Beschwingt gab ich Gas und hörte einen furchtbaren Krach, der sich in der großen Tiefgarage anhörte wie eine Explosion. Ich wurde einmal kräftig durchgeschüttelt, dann stand der Wagen. Ich stieg aus und stellte entsetzt fest, dass sich mitten in meinem Kofferraum eine Betonsäule befand, die ich in meinem Überschwung übersehen hatte.

Kaum war der Krach verhallt, stand neben mir der schwarze Wächter und entschuldigte sich gestenreich und unterwürfig, weil er nicht aufgepasst hätte, als ich zurückfuhr.

Na, wo gibt es denn so etwas, dachte ich. Vor lauter Begeisterung und überwältigt von den Eindrücken fahre ich ein Auto kaputt und für meine Dussligkeit entschuldigte sich ein Anderer. – Nun, andere Länder, andere Sitte, aber das ging doch zu weit. Ich nahm mir vor, das ganze Mit- und Gegeneinader kritisch zu beäugen.

Es war inzwischen dunkel geworden. Die Zeiger meiner Uhr zeigten 22.30 Uhr, als ich in einem der anderen Volvos aus der Tiefgarage fuhr und direkt auf einer Kreuzung stand, leider erst Mal auf der falschen Straßenseite. Für die kaum 20 Kilometer zu meiner Wohnung musste ich viermal nach dem Weg fragen, da ich keine Ahnung hatte, wo ich mich befand und so kam ich erst gegen zwei Uhr in mein Bett, nervös, hundemüde und überwältigt von den neuen Eindrücken. Das war mein erster Tag in der Neuen Welt: Südafrika.

Am zweiten Tag kam ich auf die Großbaustelle, mit meinen vielen Plänen für Gebäude, Maschinen, Vorschriften der Baubehörde und vieles mehr in der Aktentasche.

Ich war im Vorfeld über viele Dinge aufgeklärt worden, aber nicht, dass in Südafrika zwischen schwarzen und weißen Menschen eine Trennung besteht, die sogenannte Rassentrennung. Darunter fielen auch die Menschen aus Indien, also alle Nichtweißen.

Gegen Mittag stand ich mitten auf der Baustelle, als an mir ein mit Zement beladener Lkw vorbeifuhr. Der Fahrer trug einen weißen Arbeitskittel, so wie ich, wenn ich im Labor arbeitete. Ich hielt den Lkw an und sah, wie ein Inder ausstieg und mich mit großen Augen ängstlich anstarrte. Nach meiner Frage, warum er einen weißen Arbeitskittel tragen würde, sagte er mir »Ich bin Chemiker« und fast so, als würde er sich schämen, fügte er hinzu »Ich habe auch einen Doktortitel.«

Nach kurzer Unterhaltung sagte ich ihm, er soll bitte sofort den Lkw abstellen und mit mir ins Baubüro kommen. Es stellte sich heraus, dass genau „er" die notwendigen Kenntnisse hatte, die erforderlich waren, mit mir gemeinsam die große Aufgabe zu bewältigen und vor allen Dingen konnten wir umgehend mit der Chemieanlage beginnen. Er dankte mir herzlich und erklärte mir wortreich, dass ich genau nach dem indischen Sprichwort handeln würde „Ein Löffel voll Tat ist besser als ein Scheffel voll Rat."

Er wurde von mir, als mein Vertreter eingesetzt und dementsprechend entlohnt. Er hatte ein Gedächtnis wie ein Computer und begriff sehr schnell, die von mir ausgearbeiteten Rezepturen in der Anlage umzusetzen.

In den folgenden Jahren hat sich zwischen uns eine tiefe Freundschaft entwickelt.

Da wir eine Fabrikanlage nach der anderen aufbauten, suchte ich dringend neue Kräfte, vordringlich Ingenieure oder Techniker und Chemiker. Da sich niemand auf unsere Zeitungsanzeigen meldete, wurde mir vorgeschlagen, in einem deutschen Bierlokal im Stadtteil Hillbrow einen Aushang zu machen. Das Bierlokal hatte den Namen „Hofbräuhaus".

Als ich eines abends dort ankam, musste ich zunächst einmal Schlange stehen, um ins Innere des Lokals zu gelangen. Es war ein Menschenauflauf von jungen Deutschen, die auf den Tischen tanzten und sangen. Leider nur verbotene Nazilieder. Auf der linken Wandseite erkannte ich eine große schwarze Tafel. Sie war mit Handzetteln bestückt, mit Stellen-Anzeigen und Stellen-Gesuchen. Ich heftete auch meinen Zettel mit Stellenangeboten an die Tafel. Von nun an bekam ich laufend Anrufe von Bewerbern für unsere Produktionsanlagen.

Die ersten beiden Bewerber waren zwei Schweizer. Da war der gerade anderthalb Meter hohe Sepp und der fast zwei Köpfe größere Arthuro, der Sprecher der Beiden. Wie das Komiker-Duo Pat & Patachon, oder die rheinischen Witzfiguren Tünnes und Schäl kamen sie mir vor. Welch ein Gespann? Der Kleine beschränkte sich meist nur auf ein kurzes „ja" oder „nein", oder Arthuro schnitt ihm sofort das Wort ab. Ich saß hinter meinem Schreibtisch und traute meinen Augen nicht, als sich Arthuro ungefragt auf einen Stuhl fallen ließ. Dann erklärter er mir, dass er ein Bild, das nicht gerade an der Wand hing, gerade rücken müsse und erwähnte ganz nebenbei, dass er ein ausgezeichneter Ingenieur sei.

Als ich die Sprache wieder gefunden hatte erklärte ich »Es tut mir leid meine Herren, vielleicht kommen Sie ein anderes Mal wieder vorbei.«

Seite an Seite marschierten sie aus meinem Büro, trotz dem Größenunterschied in gleicher Schrittlänge. Nach drei Tagen standen die Beiden bereits wieder vor meinem Schreibtisch und präsentierten mir ihre Lebensläufe. Ich musste erkennen, dass sie schon lange für eine große Schweizer Firma in Südafrika arbeiteten. Außerdem sprachen sie Deutsch, Englisch, Italienisch und Afrikaans, dazu einzelne Sätze Bantu und Zulu. Also waren sie für mich doch sehr interessant. Ja, mit der Zeit konnte ich feststellen, dass es kaum ein Problem gab, das diese Beiden nicht gelöst hätten.

Der Betrieb ist sehr schnell gewachsen und ich musste immer neue Leute einstellen und mich auch an die verschiedenen Menschen und Sprachen gewöhnen. Nach zwei Jahren hatten wir eine Industrieanlage, ein Bürohaus und Labors aufgebaut. Da ich oft rund um die Uhr arbeitete, nur von kleinen Schlaf- oder Esspausen unterbrochen und auch der Betrieb in drei Schichten durchlief, musste auch mein Büro Tag und Nacht besetzt sein. In den Vorzimmern meines Büros waren eine weiße Dame und zwei schwarze Sekretärinnen beschäftigt, die sehr sprachbegabt waren.

Eines Tages kam die Polizei und holte mich in Handschellen zum Revier, ohne mir erst einmal zu sagen, warum. Als ich etwa zwei Stunden auf der Wache saß, wurde mir erklärt, dass ich im Bürogebäude Schwarze beschäftigen würde und das in Südafrika ein schweres Vergehen bedeutete. Erst nach mehreren Telefonaten und der Intervention der Konzernleitung wurde ich wieder frei gelassen.

DAS NEUE PROJEKT „PIETRETIEF"

Als das neue Projekt Pietretief genehmigt war, gehörte es zu meinen Aufgaben, die Lage und das Gelände auf Betriebstauglichkeit zu testen.

Ich fuhr in Johannesburg in den frühen Morgenstunden los und orientierte mich anhand einer Straßenkarte, die von „Kennern der Landschaft" selbst angefertigt war. Aber schnell merkte ich, die meisten Straßen waren nur Schüttelpisten, die irgendwo im Busch endeten.

Nach 400 bis 500 km stand ich mitten im Busch. Die ehrfurchtgebietende Wucht der Landschaft überwältigte mich. Es wurde bereits dunkel und ich hatte kein Benzin mehr im Tank. Wie sollte ich die Reise fortsetzen? Ich beschloss, die Nacht im Pkw zu verbringen und bei Tagesanbruch zuerst einmal feststellen, wo ich mich wenigstens „ungefähr" befand.

Nach einigen Stunden hörte ich Stimmen und das Klappern von Werkzeugen und musste erstaunt feststellen, dass ich von Schwarzen umringt war, die eifrig damit beschäftigt waren die Räder meines Autos abzumontieren.

Als ich die Autotüre öffnete, waren alle sprachlos und starrten mich mit aufgerissenen Augen an. Die Situation war grotesk komisch. Sie hatten offensichtlich gar nicht bemerkt, dass der Fahrer im Wagen schlief. Ich versuchte ihnen zu erklären, woher ich kam und wohin ich wollte, aber leider konnte mich keiner verstehen. Nach gut einer Stunde kamen zwei weitere Schwarze dazu, die englisch verstanden und auch kultiviert aussahen. Sie fragen mich, ob ich Geld dabei hätte und ob ich ein Tourist sei. Nachdem sie meinen deutschen Reisepass sahen, waren sie freundlich und hilfsbereit. Die Schrauben an meinen Rädern wurden wieder festgemacht und zwei Schwarze bekamen die ehrenvolle Aufgabe bis zum nächsten Morgen bei meinem Auto Wache zu halten.

Ich sollte mit den Anderen mitkommen und hatte auch keine andere Wahl. Wir sind einige hundert Meter durch den nächtlichen Busch gestolpert, bis wir an einer Hütte ankamen.

Mir wurde ein Übernachtungslager angeboten. In der Hütte waren mehrere Männer und viele Frauen und Mädchen, die nun alle im Freien übernachten mussten. Tatsächlich konnte ich einige Stunden schlafen. Mein spärliches Gepäck mit Kleidern und Brieftasche lagen neben mir, ohne dass etwas gefehlt hätte.

Nach einer Tasse Tee einigten wir uns, dass die Leute meinen Volvo für zwanzig Rand bis zu einem drei Kilometer weiter wohnenden Freund schieben würden. Er hätte bestimmt ein Fass mit Benzin und würde mir auch zeigen, wie ich wieder auf eine befahrbare Straße kommen würde.

Es war heiß, der Himmel strahlte in einer unendlichen, herrlichen Bläue. Bei dem Freund angekommen, staunte der nicht schlecht, wie ich mit einem normalen Pkw mitten in den Busch komme. Er fuhr einen uralten Diesel und konnte das Benzin selbst nicht gebrauchen. Was mich etwas aus der Fassung brachte war, dass er auch noch etwas Deutsch konnte und von seinem früheren deutschen Chef total begeistert war.

Das Benzin habe ich ihm gut bezahlt und er fuhr mir mit seinem alten, klapprigen Diesel voraus, bis wir tatsächlich zu einer befahrbaren Piste kamen.

Nach zwei Tagen und Nächten kam ich zum ersten Mal in Pietretief an, mitten im Busch, ohne Telefon, also auch ohne Verbindung zur Außenwelt. Nur Schwarze und nochmals Schwarze, die alle die Hand aufhielten und bettelten. Einige Kilometer vom Betriebsgelände entfernt, lag die eigentliche Gemeinde Pietretief. Sie bestand aus einem Steinhaus mit einer Metzgerei und einem Laden und sonst nur einigen Holz-, Stroh- und Pappehütten.

Noch in Johannesburg wurde mir das Steinhaus, als Übernachtungsmöglichkeit genannt. Als ich dann am ersten Abend ankam, war ich doch sehr überrascht, dass der Inhaber ein deutscher Landsmann war und das Haus mitten im

Busch so ziemlich alles bot, was man sich nur wünschen konnte.

Da gab es eine Bar aus edlen Hölzern, eine urgemütliche Gästestube und eine Metzgerei, mit den feinsten Würsten und Schinken. Sogar einen Tennisplatz - für die Weißen - gab es, und die Gästezimmer wurden rund um die Uhr betreut und auch nachts um drei Uhr konnte man noch Bier oder Schnaps bestellen. Ich war rundum gut versorgt.

Pietretief liegt nur einige Kilometer von Swasiland entfernt. Eine Einreise war nur mit einem englischem Visum zu erreichen.

Wir errichteten eine große Anlage zur Herstellung von wetterfesten Platten aus organischem Material. Die Späne wurden aus sehr hartem Dünnholz erzeugt, das mit einem Spezialhacker zerkleinert werden musste. Der erforderliche Leim wurde teilweise gekauft und mit dem von mir entwickelten Spezialleim, der noch in Johannesburg hergestellt wurde, vermischt.

Bis die Anlage in Produktion ging, musste ich beinahe jede Woche für ein oder mehrere Tage von Johannesburg nach dem 1 150 Kilometer entfernten Pietretief reisen.

GESCHICHTEN AUS SWASILAND UND PIETRETIEF

Inzwischen bewohnten wir in Johannesburg ein prachtvolles Haus mit sechs Schlafzimmern, einem riesigen, parkähnlichen Garten und einem großen Swimming-pool. Die meisten der uns besuchenden Ingenieure und Techniker kamen aus Deutschland nach Johannesburg. Meist wollten sie, statt im Hotel, in unserem Haus wohnen und die Annehmlichkeiten und beinahe täglichen Partys genießen.

Eines Tages erhielt ich die Nachricht über die Ankunft eines in Europa sehr berühmten Mannes, mit sehr großem Einfluss in der Industrie.

Nach Abschluss der ersten geschäftlichen Besprechung bat er mich, mit ihm in sein Hotel zu kommen. Er erzählte mir, dass er unbedingt nach Swasiland möchte, um den alljährlichen Umzug bei der Hochzeit des Königs von Swasiland anzuschauen. Er hätte aber kein Visum und bat mich, ihm behilflich zu sein. Immer wieder betonte er, dass Geld keine Rolle spielen würde. Da aus persönlichen Gründen sein Name nicht erscheinen sollte, was bei einem Visum-Antrag unumgänglich war, gab es für mich nur den Umweg über das grenznahe Pietretief.

Beim Übergang von Südafrika nach Swasiland war eigentlich nur ein mit Fleisch und Wurst gefülltes Paket für den Zöllner notwendig, vom deutschen Wirt des oben beschriebenen Gasthauses. Obwohl ich diese Prozedur kannte, war mein Gast sehr ängstlich, aber wie geplant, konnten wir ohne Schwierigkeiten die Grenze passieren. Im Hotel des „Königs von Swasiland" hatte ich bereits zwei Suiten reserviert. Schon bei der Ankunft standen drei Söhne des Königs Sobhuza II. zu unserem Empfang bereit, wobei wir auch gleich nach unseren Frauen- bzw. Mädchenwünschen gefragt wurden - natürlich konnten wir diese Mädchen aussuchen. Alles was ich vorher gesehen oder erlebt habe, hat dieser Besuch übertroffen.

Nach einigen Tagen Aufenthalt in diesem Paradies kehrten

wir wieder nach Johannesburg zurück. Bei diesem eigentlich geschäftlichen Besuch des deutschen Gastes wurde ich noch nach Kapstadt eingeladen und wir haben auch dort am Kap viele schöne Dinge erlebt, zwischen Meer und Tafelberg.

Das Interesse meines Gastes galt auch der wunderschönen Natur. Südafrika lässt das Herz eines jeden Naturliebhabers höher schlagen, denn hier sind 10 % des gesamten Pflanzenreichtums der Erde (22 000 botanische Arten) heimisch.

Alleine auf dem Tafelberg in Kapstadt gibt es mehr Pflanzenarten, als in ganz Deutschland. Im Norden und Nordwesten findet man den für die Vegetation typischen Affenbrotbaum (Baobab), im Osten regengrüne Gehölze, im Hochveld Grasfluren, in der Großen Karoo nur wenige, verteilte Büsche und bizarre Sukkulenten.

Besonders beeindruckend ist das Namaqualand, wenn sich nach dem Frühjahrsregen ein farbenprächtiges Blütenmeer von einjährigen Pflanzen entfaltet. Interessant ist auch der Regenwald bei George und Knysna.

Viele der bei uns bekannten Pflanzen stammen ursprünglich aus Südafrika, so z.B. Astern, Geranien, Schwertlilien und Strelizien.

Natürlich hatten die deutschen Ingenieure und Techniker alle den Wunsch, einmal das Wunder Swasiland zu erleben, und so kam es, dass ich mehrmals diesen Trip machen konnte.

Eines Tages bekam ich aus Pietretief die Nachricht, dass der Chefmonteur verschwunden sei. Die gesamte Maschinen-Montage war zum Erliegen gekommen und man verlangte von mir dringend eine Lösung des Problems.

Inzwischen hatten wir in Johannesburg ein eigenes Flugzeug, so dass ich noch am gleichen Tag in Pietretief eintraf.

Ich wusste, dass unser Chefmonteur bereits des öfteren ins benachbarte Swasiland gereist war, immer ohne Einreise-Visa, jedoch mit einem Päckchen vom Pietretiefer Wirt.

Ich konnte mir sein Verschwinden nur mit einem solchen Ausflug erklären. Ich hätte mir gerne den Gedanken wie Vogelkot von der Jacke geschnippt, aber er klebte an mir wie Hühnerdreck und so blieb mir nichts übrig, als einen Zwei-Mann-Suchtrupp zu organisieren.

Der Grenzübertritt war wieder kein Problem. Den ersten Tag suchten wir alle uns bekannten Bars und Gaststätten ab, aber ohne Erfolg. Am zweiten Tag bekamen wir den Hinweis eines Mädchens, dass sie ihn mit einer ihrer Freundinnen gesehen hätte, aber diese weit weg in einer kleinen Hütte wohne. Wir überredeten das Mädchen mitzukommen und uns den Weg zu zeigen.

Als wir ankamen war die Hütte verriegelt und die Fensterläden geschlossen. Die hölzernen Fensterläden waren sogar lackiert, in einem leuchtenden Blau, als würde man durch Löcher in der Fassade in den Himmel sehen. Auf unser Rufen regte sich nichts und so ging ich zur Tür und klopfte und rief seinen Namen. Wenig später ging ein Fenster auf, sein Kopf erschien und ich bemerkte sein Erstaunen, als er mich erkannte. Aber er erklärte kategorisch: »Ich komme nicht mehr zurück. Eher können Sie sich gegen ein Erdbeben stemmen oder den Vesuv verkorken.«

Er wolle für immer hier bleiben. All unser Zureden half nichts. Das Fenster und der Fensterladen wurden wieder verriegelt – mit einem lauten Knall, als wollte er einen entgültigen Schlusspunkt hinter seine Entscheidung machen.

Ich wusste zwei Dinge, die mir immer wieder durch den Kopf gingen: Er war verheiratet und hatte zwei kleine Kinder und außerdem konnten wir ohne ihn die Montage nicht beenden.

Ich schickte meine zwei Helfer zurück und blieb die Nacht über allein in Swasiland. Ich wollte mehr über diese Frau erfahren, um zu begreifen warum er bei ihr bleiben und nicht zurück wollte. Abends ging ich in eine Bar, in der sich nach Aussagen verschiedener Mädchen unser Chefmonteur öfters aufgehalten hatte.

Bereits nach kurzer Zeit war ich von zum Teil recht hübschen Mädchen umringt, alle wollten einen Freidrink und erzählten mir dafür die verrücktesten Geschichten über unseren Chefmonteur, er war also nicht unbekannt.

Kichernd und gestenreich wurde mir auch die Freundin unseres Chefmonteurs beschrieben. Offensichtlich war sie für die Verhältnisse in Swasiland ziemlich gut situiert und außerdem bildhübsch.

Am nächsten Morgen fuhr ich alleine noch einmal zu dieser Hütte. Der Tag wuchs langsam in einen heiß dampfenden Mittag hinein, aber die Hütte machte noch immer einen verriegelten Eindruck. Als ich näher kam, öffnete sich die Tür und ich wurde von der hübschen Frau mit Steinen beworfen, aber ich ließ mich nicht davon abhalten ins Haus zu kommen.

Da stand der vom ganzen Werk bewunderte, große und liebenswerte Fachmann vor mir, nur mit einer Badehose bekleidet, unrasiert und übernächtigt.

Er brachte kein Wort über die Lippen und ich ging einfach auf ihn zu und nahm ihn in die Arme. Ich flüstere ihm leise ins Ohr: »Ziehe dich an, ich warte im Auto auf dich.«

Wie eine Marionette befolgte er meine Anweisungen. Als wir losfuhren war es lange still zwischen uns. Nach einer Weile sagte er: »Ich bin so froh, dass Sie nochmals zurückgekommen sind - sonst hätte ich wahrscheinlich den größten Fehler in meinem Leben gemacht.«

DER BESUCH MEINES VATERS IN SÜDAFRIKA

Meine Geschwister in Deutschland hatten für meinen „81-jährigen" Vater einen Flug nach Südafrika organisiert. So kam es, dass meine Sekretärin mir eines Morgens eine Faxnachricht auf den Tisch legte, in dem die Ankunft meines Vaters in Johannesburg angekündigt wurde.

In dieser Zeit musste ich gerade zwei neue Anlagen in Betrieb nehmen und hatte sehr wenig Zeit übrig. So bat ich einen Freund und Geschäftsmann, der schon bereits zur Familie zählte, mit mir zum Flughafen zu fahren um meinen Vater abzuholen. Als das Flugzeug ankam, standen wir auf der Flughafen-Aussichtsplatte, um sofort zu erkennen, wenn mein Vater das Flugzeug verlassen würde. Ich hatte meinen Vater seit mehreren Jahren nicht mehr gesehen. Er war nun bereits über 81 Jahre alt und ich stellte mir einen gebückten, von den Jahren verbrauchten Mann vor. Wir mussten mehrmals genau hinschauen, als ein Mann aufrecht mit großen Schritten dem Gate zulief. Es war mein Vater, voller Energie und Begeisterung über seinen ersten Flug.

Die Deutsche Lufthansa warb in diesem Jahr 1971 mit dem Spruch: „Wir können nicht aus unserer Haut", aber das Fliegen erschloss uns die ganze Welt; und so bekam mein Vater von der Lufthansa eine Urkunde, weil er, als ältester Mensch allein den Äquator überflogen hatte. Das war schon eine große Ehre für ihn.

Als wir in unserem Haus ankamen, war er doch sprachlos. Wer hatte in dieser Zeit ein Haus am Hang mit sechs Zimmern, Pool und 2 000 m² Garten. Er wurde von uns natürlich rundum verwöhnt. Vor allem unser schwarzes Hausmädchen erfüllte ihm alle Wünsche und sorgte immer dafür, dass er genug zu trinken hatte. Er genoss seinen Aufenthalt sehr und wollte keine Minute davon verschwenden. Bereits morgens um 6 Uhr stand er auf und schwamm noch vor dem Frühstück ein paar Runden im Pool.

Da mein Vater mehrere Monate bei uns war, hatte ich mir zwei Wochen Urlaub genehmigt und wir planten eine Männer-Safari: Mein Vater, mein neunjähriger Sohn und ich.

Ich mietete einen Wohnwagen, der noch vor unserer Abfahrt von einem Automechaniker genau inspiziert und überholt wurde, so dass wir mit gutem Gefühl losfahren konnten. Unsere Route war Richtung Krügerpark und Botswana.

Südafrika ist die Heimat der drei größten Landsäugetiere der Welt, des afrikanischen Elefanten, des Breitmaulnashorns und des Flusspferdes. Hier lebt auch das höchste Landsäugetier, die Giraffe, das schnellste, der Gepard und das kleinste, die Zwergspitzmaus. Die Artenvielfalt ist groß, obwohl einige Arten seit der Besiedelung durch die Europäer ausgestorben sind. Das meiste Großwild lebt in den Nationalparks, in denen man auch die größte Chance hat Büffel, Löwen, Leoparden, Elefanten, Breit- und Spitzmaulnashörner zu sehen. Alle Wildschutzgebiete Südafrikas liegen in der Savanne oder Halbsavanne.

Es gibt viele Antilopenarten wie Impala, Kudu oder Springbock, aber auch Strauße, Flamingos und Zebras. Die überwältigende Vielfalt der Tierwelt Südafrikas sollte man mit eigenen Augen sehen.

Acht Tage und Nächte verbrachten wir im Krügerpark. Täglich gab es neue Eindrücke. Vor allem war es sehr interessant, den Löwen zuzusehen, wenn sie in den frühen Morgenstunden ihre Beute schlugen - natürlich nur die weiblichen Löwen, da die Männchen sich pflegen und ausschlafen mussten, also nicht ganz so, wie bei den Menschen.

Da wir unseren Wohnwagen einfach da hinstellten, wo es uns gerade gefiel, passierte es einmal, dass nach einem Bad in einem Wildbach wir unsere Kleider zum Trocknen an die Äste eines Baobab-Baumes hängten. Als wir morgens aus unserem Wohnwagen krochen, waren unsere Kleider verschwunden. Wir sahen noch, wie eine Pavianherde einzelne Stücke zum Spielen benutzte und bei unserem Erscheinen keifend davon stob.

In der zweiten Woche saßen wir zwei Tage mit unserem Wohnwagen fest und so kam es, dass unsere Nahrungsmittel zur Neige gingen.

Mein Sohn kam am zweiten Tag von einer Erkundungstour zurück und erklärte mit stolzgeschwellter Brust: »Wir sind gerettet. Ich habe einen Bananenbaum gefunden, voll mit Riesenbananen.« Sofort schauten wir uns den willkommenen, aber doch unbekannten Bananenbaum an. Noch nie im Leben sah ich derart große Bananen, auch die Höhe und der Umfang des Stammes waren mir total unbekannt. Aber wir hatten Hunger und mein Sohn war inzwischen schon hochgeklettert und warf uns die ersten Bananen zu.

Die Früchte schmeckte ungewohnt, aber nicht schlecht. So schlugen wir uns die Bäuche voll und packten noch einen großen Vorrat Reiseproviant in unseren Wohnwagen. Frisch gestärkt schafften wir es auch unser Gefährt wieder fahrbereit zu bekommen und unsere Reise fortzusetzen.

Es war ein wunderbarer Tag. Ein schwacher Wind spielte in den Bäumen mit Schatten und Sonnenstrahlen. Der Wind trieb weich und warm Wolkenknäuel wie gemächlich weidende Schafe vor sich her.

Mein Vater wollte unbedingt einmal in einer Unterkunft bei den Schwarzen übernachten und so parkten wir in einem kleinen Dorf und fragten nach einer Übernachtungsmöglichkeit mit der Möglichkeit für ein Abendessen.

Wir wurden freundlich aufgenommen. Der Wohn- und Wirtschaftsraum hatte nur sehr kleine Fenster, so dass es zu dunkel war, um das aufgetragene Essen genauer zu sehen. Es waren verschiedene Fische und Muscheln mit krautähnlichem Salat. Zum Nachtisch gab es Melone mit Honig und Beeren.

Als wir noch beim Nachtisch saßen, wurde mein Sohn kreidebleich und klagte, dass er starke Bauchschmerzen hätte und so brachten wir ihn zu Bett. Mein Vater und ich tranken noch ein Glas Wein. Mein Junge hatte immer noch starke Schmerzen und nun auch noch Fieber. Ich versorgte ihn mit verschiedenen Tabletten aus unserer Reiseapotheke.

Wir legten uns nun auch nervös und hundemüde ins Bett. Aber bereits nach einigen Stunden bekam auch ich Bauchkrämpfe und lag nach kurzer Zeit im Schweiß, den es aus allen Poren trieb. Ich rüttelte meinen Vater wach und bat ihn, den schwarzen Häuptling zu wecken und nach einem Arzt zu fragen.

Der Häuptling erklärte gestenreich, dass es im Umkreis von 300 Kilometern keinen Arzt gäbe. Dann zog er die Stirne kraus und knurrte mit der ganzen ihm möglichen Verachtung, wir bräuchten auch keinen, da das Dorf einen Medizinmann hätte, der uns schnell gesund machen würde.

Mein Vater fühlte sich völlig gesund. Er lehnte unsere Behandlung durch den Medizinmann rundweg ab und erklärte: »Kinder, ihr seid keine Strapazen gewöhnt. Schlaft euch richtig aus und morgen seid ihr wieder gesund.«

Tatsächlich hatten sich unsere Bauchschmerzen gegen Morgen etwas gelegt und wir fingen gleich mit dem Einladen an. Wir wollten so schnell wie möglich in die nächst größere Stadt, wo wir einen Arzt vermuteten. Der Häuptling machte uns zum Frühstück noch einen Kräutertee, der so furchtbar schlecht schmeckte, dass ich mir geschworen habe, nie mehr Tee zu trinken.

Mein Sohn und ich saßen noch beim Tee und warteten auf meinen Vater, aber der kam nicht. Als ich ihn aus seinem Zimmer holen wollte, lag er wieder im Bett, nun auch mit Bauchschmerzen und schweißgebadet.

Ich hatte eine wahnsinnige Angst. Mein Vater war bald 82 Jahre alt und nun mitten im Busch krank, ohne jede ärztliche Versorgung. Ich beschloss meinen Vater im Wohnwagen in ein etwas bequemeres Bett zu legen und so schnell wie möglich Richtung Johannesburg zu fahren.

Gegen Abend kamen wir in einem größeren Ort an einer Arztpraxis vorbei. Es war ein weißer Arzt, der auch noch englisch sprach.

Ich berichtete ihm unsere Erlebnisse der letzten Tagen. Als er die Geschichte der Riesenbananen hörte, schüttelte er den Kopf und wir bekamen alle drei Spritzen und bald fühlten wir uns wieder, als könnten wir Bäume ausreißen, wenn auch erst mal nur Setzlinge.

Der Arzt erzählte uns ausführlich, dass es sich bei diesen Bananen um eine sehr seltene, giftige Bananenart gehandelt hätte, die schon einige Stunden nach dem Verzehr zum Tod führen könnte.

DIE EINLADUNG NACH MOZAMBIQUE

Durch die Einstellung eines Elektromeisters in unserem Betrieb in Johannesburg hörte ich zum ersten Mal von den Verhältnissen in Mozambique. Ich wusste nur, dass das Land vom Krieg zerstört war. Unser neuer Mitarbeiter lebte längere Zeit in Mozambique und erzählte auch über die Schönheit des Landes, so dass ich mich entschloss, mit vier Freunden nach Mozambique zu fahren. Außer dem Elektromeister waren wir alle Single, aber seine Frau wollte unbedingt dabei sein, da sie die Verhältnisse vor Ort bereits kannte.

Bereits 20 Kilometer vor der Grenze wurden wir von uniformierten Leuten aufgehalten und nach Waffen durchsucht. Nach der Bezahlung eines „Wegegeldes" von 50 Rand konnten wir weiterfahren.

Mein Pkw hatte eine südafrikanische Nummer, so war am Nummernschild zu erkennen, woher wir kamen. Aber, nachdem wir alle deutschen Reisepässe hatten, konnten wir die Grenze passieren.

In Mozambique angekommen, fragten wir nach dem noch am besten erhaltenen Hotel. Ich betrat mein Zimmer, das der Beschreibung nach mit Aircondition, Bad/Dusche usw. ausgestattet sein sollte. Aber an der Stelle, wo einst die Klimaanlage war, klaffte ein großes Loch in der Wand, das den Blick freigab zur Hauptstraße hin und bis zum Hafen. Die Toilette war seit Einstellung der Kämpfe nicht mehr gesäubert worden. Aus der Dusche kam kein Wasser. Der Nachttopf im Nachtschrank war voll und schon leicht mit Schimmel überzogen. Aber das Zimmer hatte mit 9 x 5 m die Ausmaße eines kleinen Tanzsaales. Natürlich musste ich mich nach der anstrengenden Fahrt waschen und so ging ich zu meinem Freund in dessen Zimmer, es war nicht viel besser, aber er hatte wenigstens Wasser.

Nachdem ich mich frisch gemacht hatte, schleuderte ich den vollen Nachttopf durch die Öffnung der früheren Aircondition und legte mich aufs Bett. Kaum war ich eingeschlafen, wurde ich vom Elektromeister geweckt. Er erklärte mir, dass er mit den anderen Freunden ausgemacht hätte, dass wir Männer, nachdem seine Frau eingeschlafen wäre, eine Tour durch die Bars machen wollten. Ich sollte gegen 23 Uhr vor dem Hotel warten, da wir von hier aus gemeinsam aufbrechen würden.

Pünktlich zur vereinbarten Zeit traf ich mich mit meinen Freunden vor dem Hotel und verhandelte über die Route unseres Nachtbummels. Kaum waren wir die ersten Schritte vom Hotel entfernt, da hörten wir laute Hilferufe. Wir staunten nicht schlecht, als wir die Frau des Elektromeisters an einem aus dem Hotelfenster hängenden Bettuch-Seil baumeln sahen.

Sie war inzwischen aufgewacht und als sie bemerkte, dass ihr Mann das Zimmer von außen abgeschlossen hatte, versuchte sie sich aus dem Fenster abzuseilen. Leider war das selbstgemachte Seil zu kurz und so konnte sie den Boden nicht erreichen. Für unser Elektromeister-Ehepaar war damit der Abend gelaufen und endete mit einem großen Streit auf ihrem Hotelzimmer. Damit waren wir nur noch vier Mann und was wir da erlebten, ist beinahe unglaublich.

Wir gingen von Bar zu Bar. Alle Bars waren überfüllt mit Mädchen von weiß bis tiefstes schwarz. Einer unserer Crew war aus Köln und arbeitete bei uns als Hilfsschlosser. Er war ein Mann mit vollem Mund und wenig Verstand. Für ihn galt „Die Unfähigkeit zu denken geht meist Hand in Hand mit der Unfähigkeit zu schweigen."

Als wir weit nach Mitternacht in einer Bar saßen, kamen mehrere Mädchen zur Türe herein. Davon war eine so schwarz, dass in dem düsteren Lokal kaum mehr als ihre Augen und Zähne zu sehen waren. Sie war eine gewaltige Erscheinung, ein in Mieder gepresster Fleischberg, jenseits aller Konfektionsgrößen. Der Schlosser wollte unbedingt Kontakt zu dieser Schwarzen aufnehmen. Das Problem bestand aber in der Verständigung, denn er konnte weder englisch noch französisch. Er bat mich ihr zu sagen, dass er an ihr interessiert sei. Ich konnte meinen Satz nicht zu Ende sprechen, da schoss sie auf ihn zu und sein Kopf verschwand zwischen ihren Riesenbrüsten.

Die Weißen waren in dieser Zeit, nach dem eben vollendeten langen Krieg, noch sehr gefährdet. Es gab noch sehr viele Partisanenkämpfer, unter denen auch viele Frauen waren.

Plötzlich war der Schlosser mit seiner Eroberung verschwunden und wir suchten ihn vergeblich. Im Lokal erkundigten wir uns beim Barkeeper nach unserem Freund und dessen schwarzer Freundin. Nur mit viel Schmiergeld konnten wir erfahren, dass gerade die Auserwählte unseres Schlossers zu den Partisanenkämpfern gehört.

Wir waren sprachlos. Was war zu tun? Alle wandten sich ab, wenn wir nach der Adresse oder dem Verbleib der Schwarzen fragten. Unserem Tisch gegenüber saßen zwei junge Schwarze und beobachteten unsere vergeblichen Bemühungen und sahen darin ein großes Geschäft. Als wir ihnen klar machten, dass wir aus Deutschland kämen und wir unseren Freund unbedingt und unter allen Umständen wieder mit nach Hause nehmen müssten, erklärten sie sich bereit, mit uns in die Nähe des Kamps zu fahren, wo sie unseren Freund vermuteten. Und da jede Arbeit ihren Lohn verdient, forderten sie dafür 500 Rand und ließen über die Höhe nicht mit sich verhandeln.

Nachdem wir den verlangen Preis bezahlt hatten fuhren wir hinter ihrem Auto her. Es ging quer durch den Busch. Nach fast zwei Stunden Fahrt stellten wir die Autos ab und gingen noch gut 100 Meter zu Fuß, bevor wir auf eine Hütte mit Licht stießen.

Nachdem sich die zwei Schwarzen verabschiedet hatten, gingen wir auf die Hütte zu. Ich schlich mich ans Fenster und tatsächlich sah ich unseren Freund, fahl im Gesicht und angekettet an der Wand wie ein Stück Vieh. Wir sahen sechs Männer und eine Frau. Genau diese Frau, die unseren Freund mitnahm und verschleppte. Da die Männer bewaffnet waren, konnten wir nur verhandeln. Ich klopfte an das Fenster. In diesem Moment stürmten vier Mann aus der Tür und ballerten mit ihren Gewehren in die Luft.

Wir versteckten uns hinter den Bäumen und riefen ihnen zu, dass wir über die Freilassung unseres Freundes verhandeln wollten.

Der Anführer sprach englisch. Er forderte uns auf, ohne Waffen in die Hütte zu kommen, natürlich mit der Drohung, uns sofort zu erschießen, wenn wir nicht auf ihre Forderung eingehen würden.

Die Verhandlungen waren sehr kurz und endeten damit, dass wir für die Freilassung unseres Freundes erneut 500 Rand bezahlten sollten.

Als wir all unser restliches Geld zusammengelegt hatten, ergab es nur 350 Rand, aber damit waren die Entführer nicht einverstanden.

Ich machte den Vorschlag, noch unsere Armbanduhren dazuzulegen und so erreichten wir seine Freilassung. Unser Freund war weiß wie ein Leintuch und nicht ansprechbar. Er hatte mit seinem Leben bereits abgeschlossen. Als wir im Auto saßen, fuhren wir so schnell wir konnten in den Busch, aber keiner wusste, wohin wir fuhren. Wir wollten nur noch ganz schnell weg von diesem Teufelsnest.

Zwei Stunden später wurde es langsam hell und wir sahen von der Ferne den Strand. Wir wussten, wir waren bald am Meer, aber nirgends war ein Mensch zu sehen, nur auf einer Anhöhe brannte ein schwaches Licht, also fuhren wir diesem Licht entgegen.

Es ging einige hundert Meter steil einen Hügel hoch, dann standen wir wieder vor einer Holzhütte, einsam und verlassen. Vor der Hütte lag ein kleiner Berg von Bierflaschen, also mussten auch Menschen in der Nähe sein. Einer von uns ging in die Hütte um zu sehen, woher die leeren Flaschen kamen. Er blieb minutenlang in der Hütte und wir hatten schon Angst, dass auch er gekidnappt wäre. Als er aus der Türe trat, hörte er nicht mehr auf zu lachen. Er schüttelte sich vor Lachen und brachte kein Wort über die Lippen. Kopfschüttelnd ging der Nächste von uns in die Hütte, aber schon nach kurzer Zeit rief er uns zu, wir sollen alle hereinkommen.

»...nur wer das mit eigenen Augen sieht, kann glauben, was hier vor sich geht.«

Neugierig drängten wir uns nacheinander in die Hütte und trauten unseren Augen nicht. Da saßen ein alter Mann und eine Ziege, jeder für sich auf einem Stuhl mit einer Zigarre im Mund, beziehungsweise im Maul. Beide qualmten wie die Irren und ab und zu tranken sie einen Schluck Bier, direkt aus der Flasche. Daher also die vielen leeren Bierflaschen vor der Tür. Wer hat dieser Ziege das Rauchen und Biertrinken beigebracht?

Der alte Mann mit Vollbart - total verwildert - erzählte uns gut gelaunt, dass er vor Jahren mit dem Flugzeug abgestürzt sei. Er war überzeugt, dass, wenn die mozambiquische Armee ihn finden würde, sie ihn sofort erschießen oder hängen würden. Also versteckte er sich hier in der Einsamkeit.

Eines Tages fand er das kleine Kitz einer wilden Ziegeherde, das nicht mehr laufen konnte. Damit er nicht mehr alleine war, nahm er das Kitz zu sich und lernte der größer werdenden Ziege im Laufe der Jahre diese absurd komischen Eigenschaften.

Natürlich gab es in den ersten Jahren noch kein Bier. Er durfte sich ja nirgends zeigen. Bis eines Tages zwei Männer vorbeikamen und ihm zuschauten, was er der Ziege beigebracht hatte. Und so kamen Leute, vor allem Europäer, immer wieder an den Wochenenden mit Geländewagen mit Zigarren, Bier und Lebensmittel zu ihm; und nun wollte er an diesem Ort bis zu seinem Lebensende bleiben.

Bevor wir nach Johannesburg zurückfuhren, wollten wir wissen, ob es wahr wäre, was uns mehrere Personen erzählt hatten: Im Hafen von Mozambique sollte zu einer bestimmten Zeit ein Schiff aus Madagaskar, einer Insel im Indischen Ozean, ankommen. Das Schiff sollte mit hohen Kisten beladen sein, in denen sich junge Mädchen befanden, in allen Schattierungen von weiß bis schwarz, aber die meisten blond.

Nach unserem Wissen sollte das Schiff gegen 4 Uhr morgens im Hafen einlaufen, zur Umladung und Verteilung der menschlichen Fracht, nachdem der Preis von den Käufern festgelegt wurde. Da uns die Stelle genau beschrieben wurde, waren wir pünktlich dort und versteckten uns zwischen aufgedockten und ausgemusterten Kriegs- und Handelsschiffen. Es spielte sich alles ab wie auf einem Viehmarkt. Die Mädchen wurden aus der Kiste zu Begutachtung geholt. Vom Käufer - nachdem der Preis feststand - wurde das Mädchen auf ein anderes Schiff gebracht und verschwand. Wir standen da wie versteinert, nein, wir konnten es immer noch nicht glauben, was wir hier hilflos und in ohnmächtiger Wut mit ansehen mussten. Mozambique werde ich in meinem Leben nie mehr vergessen.

In den Jahren in Südafrika wurden von mir mehrere Patente zur Herstellung hochwertiger Produkte aus „heimischen" Rohstoffen beim South African Bureau of Standards in Pretoria S.A. in Pretoria angemeldet.

Im Jahr 1971 hatte ich eine eigene Firma „Super Resin" in Johannesburg, zur Herstellung spezieller Kunststoffe nach meinen eigenen Rezepturen, gegründet.

Im November 1970 hatte unsere Tochter Edith in Südafrika geheiratet und arbeitete bei mir im Betrieb. Später zog sie mit ihrem Mann in die Schweiz.

Unser Sohn Bruno ging zur German-School in Johannesburg. Nach unserer Rückkehr nach Deutschland konnten wir feststellen, dass in der deutschen Schule in Johannesburg mehr gelernt wurde, als in Deutschland und er daher keine Probleme bei seiner Rückkehr nach Deutschland hatte. Ich war sehr stolz auf ihn, als er im Februar 1985 seine Prüfung zum Diplom-Ingenieur für Elektrotechnik machte. - Aber noch war es nicht so weit.

Erst 1974 war die Zeit gekommen, uns zu entscheiden ob wir für immer in Afrika bleiben wollten, wo unser Sohn studieren sollte, oder ob wir wieder näher bei unseren Freunden und Verwandten leben wollten?

Durch meine guten Verbindungen nach Europa wurde mir eine Stelle angeboten, als freier Mitarbeiter eine Produktionsanlage aufzubauen und in Betrieb zu nehmen. Dieses Angebot gab den letzten Ausschlag bei unserer Entscheidung; und so beschlossen wir wieder nach Europa zu gehen.

Wir planten die Heimreise, verbunden mit einer Schiffsreise. Wir buchten auf der „Königin Elisabeth“ ab Durban, S.A.

Als wir jedoch in Durban ankamen, wurden wir von der Nachricht überrascht, dass das Schiff „Königin Elisabeth“ gesunken sei und wir auf das Schiff „Afrika“ umgebucht worden seien. Man versicherte uns, dass die „Afrika“ in Größe und Ausstattung dem Passagierschiff „Königin Elisabeth“ entsprechen würde.

Der Aufenthalt auf der „Afrika“ war hervorragend organisiert und wir erlebten wunderschöne Tage mit vielen neuen Bekanntschaften und Freunden. Ein besonders guter Freund wurde ein junger Mann aus Österreich. Da er kein Wort englisch konnte, hatte er sich unserem Sohn angeschlossen, der ihm Freund und Dolmetscher war. - Aber die Freundschaft nahm ein grausames Ende.

Die Schiffsroute verlief von Durban - East London - Kapstadt - Lüderitz (Namibia) - Walfischbay - über den Atlantischen Ozean vorbei an Guinea zu den Kapverdischen Inseln, St. Antao (Port.) gegenüber von Mauretanien zu den Kanarischen Inseln und Madeira zum Mittelmeer und an die Südspitze von Italien, nach Brindisi, unserem Ankunftshafen.

DIE ANKUNFT IN BRINDISI - ITALIEN

Noch in der Nacht kam über Lautsprecher die Durchsage, dass sich die Familie Erhardt zwei Stunden vor dem Anlegen des Schiffes beim Kapitän melden sollte, mit allen notwendigen Papieren.

Der Kapitän wollte von uns noch einmal den Unfallhergang hören, der unserem österreichischen Freund das Leben gekostet hatte. Er war nach dem großen Fest bei der Überquerung des Äquators von Bord gespült worden:

„Es war ein großes Fest mit vielen Gesellschaftsspielen und dem Kapitänsdinner um Mitternacht. Wir standen nach dem Dinner am Pool, der mit viel Spaghetti gefüllt und einem Netz überspannt war. Es musste sich jemand finden, der den Mut hatte, von 3 Meter Höhe in diesen Pool zu springen. Dazu meldete sich unser Sohn und es war ein großer Spaß, als er mit Spaghetti umwickelt aus dem Pool stieg. Unser österreichischer Freund hatte unseren Sohn danach zu einem Spaziergang auf Deck eingeladen. Wir gingen inzwischen an die Bar um unseren Nachtdrink zu genießen. Nach knapp einer Stunde kam unser Sohn schreiend zurück und erzählte, dass unser österreichischer Freund über Bord gespült wurde, nachdem er in betrunkenem Zustand versuchte auf den Mast zu klettern.

Das Schiff musste zwei Tage an der Unfallstelle verbleiben und es wurde nach dem Opfer gesucht, auch nachdem allen längst klar war, dass er ein Opfer von Haien geworden war. Wir standen lange Zeit an der Unfallstelle und wollten nicht wahrhaben, dass er niemals wieder auftauchen würde."

Die Erinnerung rührte an unserer Traurigkeit und wir saßen uns lange schweigend gegenüber. Dann teilte uns der Kapitän noch mit, dass wir mit dem gesamten Gepäck bei Ankunft in Brindisi auf der Brücke stehen sollten. Vor allen anderen Gästen, da wir von der Polizei in Brindisi übernommen werden sollen. Natürlich überlegten wir: „Warum die Polizei?"

Wir standen also beim Andocken „allein“ auf der Brücke und wurden von einer ganzen Meute Polizisten in Empfang genommen. Trotz der feuchten Luft der Morgenstunde waren wir vor Angst in Schweiß gebadet und übernächtigt. Einzeln wurden wir in Polizeiautos gesteckt und zur Polizeistation gefahren. Der Polizeichef empfing uns so freundlich mit Kaffee und Kuchen, aber was war passiert? Leider konnten wir uns kaum verständigen. Nach einigen Stunden wurde endlich ein Dolmetscher herbeigeholt, der uns erzählte, dass mein italienischer Schwager, der ein hoher Polizei-Offizier war, angeordnet hätte, dass wir vom Schiff abgeholt und zum Zug nach Mailand gebracht werden sollten. Wir wurden sogar mit Speisen und Getränken versorgt, es war ein herzlicher Empfang. Etwas derartiges kannten wir aus Deutschland nicht, diese Gastfreundschaft konnten wir noch oft in Italien erleben.

Nach ein paar wunderschönen Wochen bei meiner Schwester in Italien, ging unsere Reise per Zug weiter über die Schweiz nach Deutschland.

Als wir in Deutschland ankamen war es sehr kalt. Wir wohnten zuerst einige Tage bei meinen Schwiegereltern im Allgäu, bis ich in der Nähe meiner Arbeitsstelle eine Wohnung hatte.

Die ersten Monate in Deutschland waren für uns sehr hart. Wir mussten uns erst wieder an das kalte Klima und die finsteren Gesichter gewöhnen. Wo waren die Menschen, die ständig lachten und sich am Leben erfreuten, obwohl sie bettelarm waren? Vergeblich suchten wir die ursprüngliche Lebensfreude und die Herzenswärme die wir in den vergangenen Jahren erleben durften.

PERSIEN - DER HEUTIGE IRAN

Mein Bruder Jakob wohnt im Taunus. Er hatte nach dem Krieg einen Frisörsalon eröffnet und im Laufe der Jahre in Falkenstein, in einem sehr schönen und teuren Wohngebiet, ein Haus gebaut.

Als ich ihn eines Tages besuchte, erzählte er mir, dass ihn kurz vorher ein persischer Nachbar gefragt hätte, ob er den Michael Erhardt kennen würde. Schnell stellte sich heraus, dass ich tatsächlich der Chemiker war, über den der Nachbar in einer Fachzeitschrift gelesen hatte.

Mir schmeichelte das Interesse an meiner Person und mein Bruder drängte darauf, dass ich den Perser besuchen sollte. Er meinte, schau dir zuerst seine Villa an, er muss ein sehr reicher Mann sein. Noch am selben Abend spazierte ich an seinem Anwesen vorbei, es lag nur ein paar hundert Meter vom Haus meines Bruders entfernt. Es war kein Haus, oder eine Villa, wie wir Europäer sie in den siebziger Jahren kannten, es war ein Traum mit vielen Besonderheiten und einem sehr großen Garten mit Tennisplatz und Pferdestallungen mit einem Turnierplatz.

Gleich am nächsten Morgen klingelte ich an dem gewaltigen schmiedeeisernen Tor. Eine Empfangsdame öffnete und nahm meine Visitenkarte entgegen. Sie verschwand lautlos und ließ mich in einer riesigen Eingangshalle warten.

Nach einigen Minuten erschien der Hausherr. Er war eine eindrucksvolle Erscheinung: Großgewachsen, schlank, tiefschwarze, leicht gewellte und an den Schläfen silbern glänzende Haare. Er hatte ein edles, markantes Profil und eine bronzefarbene Haut. Seine dunklen Augen schauten mich forschend an, dann lächelte er und stellte sich mit seinem Vornamen vor, schon waren wir beim Du und unser Gespräch verlief so vertrauensvoll, als wären wir alte Freunde.

Er lud mich ein, sein Haus zu besichtigen; und ich folgte ihm durch die prächtig ausgestatten Räume und bekam vor Staunen den Mund nicht mehr zu. Mohammed Resa Pahlevi, der Schah von Persien hatte in den letzten Jahren mit seinen Ehen die Blätter der Klatschpresse gefüllt und sein prunkvoller Lebensstil schien sich in diesem Haus zu spiegeln.

Unerklärlich war jedoch für mich, dass der „Palast" in der Mitte getrennt schien. Mein Gastgeber bemerkte meine Verwunderung und erklärte mir, dass er Mohammedaner sei und sich auf der anderen Hausseite der Wohnbereich seiner Frau befinden würde.

Voll Stolz erzählte er, dass er Doktor und Frauenarzt in einer Klinik in Frankfurt sei und seine deutsche Ehefrau, nebenan, im gleichen Haus, aber trotzdem getrennt, bestens versorgt wäre. Sie habe einen Sportwagen, vier Reitpferde, ein Schwimmbecken und auch das Geld, was man für ein angenehmes Leben so bräuchte.

Nun kamen wir zu dem eigentlichen Grund meines Besuches. Er erzählte mir, dass er aus einer sehr vermögenden und einflussreichen persischen Familie stammen würde und einer seiner Brüder Probleme mit einer Fabrikanlage hätte, zu deren Lösung ein kompetenter Fachmann gebraucht würde.

Rasch bekam ich ein Bild der Situation. Der Bruder hatte für viel Geld eine Fabrikanlage gekauft und sie im Norden Persiens aufbauen lassen. Aber trotz dem Einsatz mehrerer europäischer Ingenieure scheiterte bisher die Produktion an ungelösten chemisch-technischen Problemen.

Mein persischer Gastgeber lud mich ein, mit ihm für ein paar Tage nach Persien zu fliegen und die Anlage zu besichtigen. Meine Änderungsvorschläge für ein erfolgreiches Anfahren der Anlage sollten großzügig honoriert werden.

Die Einladung klang so selbstverständlich, als würde der Nachbar beiläufig zu einem Bier im Dorfkrug einladen; und bevor ich ausführlich darüber nachdenken konnte, hörte ich mich bereits Zusagen.

Für mich bedeutete das ein paar Tage in Persien und das noch in Begleitung des sympathischen Persers. Der Gedanke erinnerte an einen verlängerten Wochenendausflug.

Viel wusste ich über das Reiseziel nicht. Seit 26. Oktober 1967 war Mohammed Resa Pahlevi „Schahinschah", iranischer Kaiser. Er führte ein autoritäres Regierungssystem, das sich im Innern auf die gefürchtete Geheimpolizei „Savak" stützte. Im außenpolitischen Bereich lehnte sich das Regime eng an die USA an, deren Interesse ausschließlich dem persischen Öl galt. Persien zählt zu den führenden Erdöl produzierenden Ländern. Der größte Teil des Landes wird von einem Zentralplateau eingenommen, das durchschnittlich 1 220 Meter hoch ist und fast ganz von Gebirgsketten umsäumt ist. Im Norden, parallel zum Südufer des Kaspischen Meeres, erstreckt sich das Elburs-Gebirge dessen höchste Erhebung der Vulkan Damavand mit 5 604 Metern ist. Das Kaspische Meer liegt 28 Meter unter dem Meeresspiegel und bildet den tiefsten Punkt Persiens. Teheran, die Hauptstadt Persiens liegt am Fuße des Elburs-Gebirge.

Eine Woche später flogen wir mit der Lufthansa von Frankfurt nach Teheran. Am Flughafen stand für uns ein Geländewagen mit Allradantrieb bereit. Wir fuhren nordwestlich, in Richtung des hochaufragenden Elburs-Gebirges. Wohin unsere Fahrt ging, war mir nicht bekannt. Mein persischer Doktor war der Meinung, dass es schwer zu beschreiben sei. Aber so ungefähr lag unser Ziel hinter der Gebirgskette, ganz im Norden des Landes, fast an der Grenze zum Kaukasus.

Nach einer durchfahrenen Nacht erreichten wir das Fabrikgelände. Die Fabrik lag inmitten einer Steppenlandschaft, weit weg von Städten und Dörfern. Das ganze Gelände war mit Stacheldraht eingezäunt, da die Bevölkerung, soweit vorhanden, nichts mit uns „Ungläubigen" zu tun haben wollte (sollte). Das Eingangstor konnte nur mit einer besonderen Erlaubnis und dann auch nur mit einem persischen Begleiter passiert werden.

Bei der ersten Besichtung der Anlage musste ich feststellen, dass es fast nur deutsche Ingeneure und Vorarbeiter gab, die an der Produktionsstraße „bastelten" und sich vergeblich bemühten, die Anlage produktionsreif zu machen.

Langsam dämmerte mir, dass mein Aufenthalt sich nicht auf ein paar Tage beschränken würde. Aber nun war ich da und so bemühte ich mich mit meinen Kollegen die Anlage in Gang zu bringen.

Das wichtigste war eine Rezepturänderung, aber es waren auch viele kleine Modifikationen notwendig, die bei der Produktion zusammenwirken mussten.

Da wir das Gelände nicht verlassen durften, wurde für uns Europäer, also uns Ungläubigen, ein Fertighaus erstellt. Hier wurde von einem Mohammedaner für uns gekocht. Woher das Fleisch kam, haben wir nie erfahren und durften auch nicht darüber sprechen.

Täglich ging es in der Anlage mit der Produktion besser und nach zwei Wochen war ich der Meinung, dass die Anlage auch ohne mich arbeiten könnte. Ich sagte dies dem persischen Fabrikanten, dem Bruder meines Doktors aus Deutschland, der ohne mein Wissen längst wieder nach Deutschland zurückgereist war. Am nächsten Tag kam ein Fax aus Deutschland, in dem ich aufgefordert wurde, in Persien zu bleiben. Mindestens noch zwei Monate sollte ich die Produktion anfahren und überwachen, weil man meine Arbeit ganz besonders schätzen würde. Mir blieb nichts anderes übrig, als diesem „Wunsch" zu entsprechen, auch weil ich weder das Fabrikgelände verlassen konnte, noch ein Rückflugticket hatte. Ja, ich wusste genau genommen, nicht einmal wo ich mich befand.

Mit der Zeit entwickelten sich zu meinen Kollegen freundschaftliche Verhältnisse. Über Tage bemerkte ich, dass ein Chemiker einen immer unglücklicheren Eindruck machte. Als ich ihn nach den Gründen fragte, bat er mich noch weitere Wochen zu bleiben und ihn zu vertreten. Er wollte unbedingt für einige Wochen zu seiner Frau nach Deutschland, da er es ohne sie nicht mehr aushalten würde.

Er war auch der Meinung, dass seine Frau ohne ihn verloren wäre und sich kaum noch aus dem Haus trauen würde. Außerdem sei sie misstrauisch und glaubte, dass er andere Frauen in Persien hätte. Natürlich hatte sie keine Ahnung von den einheimischen Frauen. In Wirklichkeit sah man nur sehr selten ein weibliches Wesen und wenn doch, dann war es vollständig in schwarze Gewänder verhüllt.

Ich versprach ihm zu helfen und schickte an meinen Doktor in Deutschland ein Fax. Und tatsächlich besorgte er der Frau meines Kollegen ein Flugticket und organisierte die Abholung vom Flughafen Teheran und die Fahrt zu unserem Fabrikgelände.

Nun war mein Kollege der glücklichste Mensch zwischen dem Elburs-Gebirge und dem Kaspischen Meer – für die ersten zwei Wochen, dann änderte sich sein Glück rasch in Besorgnis und schnell in grenzenlose Wut auf seine Frau.

Während ihr Mann arbeitete genoss sie den Aufenthalt wie einen Urlaub. Tagsüber lag sie meist in der Sonne, oft auch noch „oben ohne", ohne Rücksicht auf die einheimischen Sitten. Natürlich ging das schnell durch die Zimmer und alle Ingenieure und Techniker, die schon monatelang ohne Frauen waren, flirteten mit ihr und machten ihr Komplimente.

Die Anlage arbeitete inzwischen im Drei-Schicht-Betrieb. An einem Morgen, als ihr Mann von der Nachtschicht kam, traf er auf seine Frau, die gerade das Zimmer eines Mechanikers verließ, mit dem sie die Nacht verbracht hatte.

Meinen Kollegen traf die Erkenntnis wie einen Schock. Die Enttäuschung über seine Frau und der Spott der Kollegen machte ihn krank und er konnte und wollte nicht mehr weiter in der Fabrik arbeiten.

Wenige Tage später saß ich beim Frühstück und sah, wie er mit seiner Frau in ein Auto „geladen" wurde und in Polizeibegleitung das Werk verließ. Danach habe ich nie mehr etwas von ihnen gehört.

Neben der menschlichen Enttäuschung war damit auch das Ende meines Aufenthaltes in unabsehbare Ferne gerückt, da die Chemieanlage nicht ohne qualifizierte Aufsicht arbeiten konnte.

In den folgenden Wochen fiel mir auf, dass immer mehr Polizei und Militär die vorbeiführende Straße passierten. Zwischen den Kollegen kursierten alle möglichen Gerüchte, in denen die nahe Staatsgrenze, als Schlupfloch für Leute die das Land verlassen wollten, eine Rolle spielte.

Endlich lief auch die Produktion der Anlage wie gewünscht. Die Produktionsleistung und die Qualität überschritten sogar die Vorgaben und so wurde ein Fest zu Übernahme der Anlage durch den Fabrikanten vorbereitet.

Der Gast, pflegen Perser zu sagen, ist „Habib e Khoda", ein „Freund Gottes". Die Mahlzeit wird am liebsten gemeinsam mit den Gästen auf dem Boden, und auf dem fast heiligen Tuch „Sofreh" eingenommen. Dem Gast zu ehren, wird der Sofreh reichlich mit dem Besten aus der Küche und Beilagen wie frischen Kräuter (Basilikum, Petersilie, Schnittlauch, Kresse und Minze), eingelegtem Essig-Gemüse, Mast-o-Khiar (Gurken im Joghurt) und Salat gedeckt.

Für uns hieß dies, es wurde ein Schaf und ein junges Rind geschlachtet und man erwartete auch von uns Ungläubigen, dass wir uns im Kreis aufstellten und zusahen, wie den Tieren die Kehlen durchgeschnitten wurden. Das noch warme Blut wurde in alten Konservenbüchsen aufgefangen und jeder musste daraus trinken. Den Ekel konnte ich nie mehr vergessen und bei der Erinnerung daran wird mir noch immer schlecht.

Die Feier ging bis spät in die Nacht. Die Einheimischen gaben ihre Kriegstänze mit Schwertern und Säbel zum Besten und uns Nichtgläubigen blieb nur noch das Händeklatschen übrig.

Nach dem Fest wurde unser Koch verhaftet. Er hatte seine Frau mit in die Küche gebracht und ihm wurde vorgeworfen, dass wir Ungläubigen sie ohne Gesichtsbedeckung gesehen hätten. Auch von ihm habe ich nie mehr etwas gehört.

Immer wieder beobachteten wir, wie die Sittenpolizei oder Glaubenspolizei junge Männer verfolgten und zusammenschlugen, wenn sie mit einer Frau erwischt wurden. In dieser Zeit, lieber Leser, war in unseren Breitengraden Homosexualität kaum ein Thema, aber hier kam es mir vor, wie wenn der Staat, oder der Glaube die gleichgeschlechtliche Liebe als einzige Alternative verordnet hätte.

Inzwischen lernte ich einen weiteren Bruder meines Falkensteiner Doktors kennen. Er stellte edle Perserteppiche her und fuhr mit mir zu seiner Teppichfabrik. In einer Halle hingen unzählige wunderschöne Perserteppiche in den herrlichsten Farben. Anstelle von Bargeld als Arbeitslohn sollte ich mir Teppiche aussuchen und sie mit nach Deutschland nehmen.

Wieder zurück im Werk legte ich am Tor meinen Passagierschein vor. Aus den Augenwinkeln beobachtete ich dabei zwei Männer, die heftig gestikulierten und in radebrechendem Englisch diskutierten. Ich hörte etwas von Umsturz und dass der Schah das Land verlassen müsse.

Das Gehörte schreckte mich auf. Gleich am anderen Morgen wollte ich meine Teppiche abholen, aber es war bereits zu spät, die Gebäude waren besetzt und es war kein Rein- oder Rauskommen möglich.

Mir war nicht klar, wie ich mich verhalten sollte. Auf dem Weg zurück traf ich einen Ingenieur unserer Fabrik. Er berichtete, dass verschiedene Mitarbeiter bereits verhaftet und abgeführt wurden und er riet mir dringend davon ab, zu unserer Produktionsanlage zurückzukehren.

Nun wusste ich noch weniger was ich tun sollte, nur eines stand für mich fest, ich musste so schnell wie möglich das Land verlassen.

Mir war bekannt, dass ganz in der Nähe ein Bus nach Teheran abfahren sollte. Täglich, jede Nacht um 3 Uhr war Start für die eineinhalbtätige Busreise.

Bereits zwei Stunden vor der Abfahrt versteckte ich mich in der Nähe der Busstation. Da ich mich nicht mehr zurück in die Fabrik traute, hatte ich kein Gepäck bei mir und nur ein paar US-Dollars für den Notfall in der Tasche und eine Handvoll persischer Rials und Dinars.

Der Bus kam pünktlich, aber scheinbar traute sich niemand auf die Straße. Überall hörte man Gewehrfeuer und Hilfeschreie. Ich blieb der einzige Fahrgast der neu zustieg und bekam einen Sitzplatz neben einem auffallend gut gekleideten Herrn. Nach einigen Kilometern, in denen wir schweigend nebeneinander saßen, schaute er sich vorsichtig um und fragte mich mit leiser Stimme »Wohin wollen Sie denn, in diesen gefährlichen Zeiten?«

Ich stellte mich vor und erzählte ihm meine Geschichte und dass ich hoffte in Teheran noch einen Flug nach Deutschland zu ergattern.

Zu meiner Überraschung stellte sich mein Sitznachbar als „gestürzter" Außenminister von Persien vor. Er war bereits mehrmals in Deutschland und Deutschland war jetzt auch sein Fluchtziel.

Nun war er Minister außer Dienst und ich Chemiker a. D., wir waren Flüchtlinge, ohne Gepäck, zwei Männer in der gleichen Lage und mit den gleichen Plänen.

Er schien meine Nervosität zu spüren und sagte mit seiner sanften beruhigenden Stimme: »Legen wir unser Leben in die Hände Gottes. Er wird uns den rechten Weg weisen.

Im 1. Jahrhundert vor Christus wurde in Persien ein Mann namens Zarathustras geboren, den die Griechen Zoroaster nannten. Seine Philosophie beeinflusste das Denken so großer Männer wie Platon und Aristoteles.

Lange, bevor die Bibel oder der Koran geschrieben wurden, hatte er eine Vision: Die Flammen eines offenen Feuers offenbarten ihm die Existenz eines einzigen, allmächtigen, gütigen und unsichtbaren Gottes. Er sah eine Welt des Lichts für die Guten und eine Welt der Finsternis für die Schlechten; und er sah die Auferstehung von den Toten. Als Zeichen dieses Glaubens brennen in den Tempeln der Zoroastrier ewige Feuer. - Zarathustras oberstes Gebot lautete: Gutes tun, in Gedanken, Worten und Werken.«

Immer wieder hielt unser Bus, aber niemand stieg aus und nur wenige stiegen ein. In den Morgenstunden hatten wir die Ausläufer des Elburs-Gebirges erreicht und unser Bus kämpfte sich schnaufend die steinige Bergstraße hinauf. Plötzlich sahen wir auf der Schotterstraße eine blonde Frau hilferufend auf uns zulaufen. Unser Fahrer weigerte sich zuerst anzuhalten und erst, als der Außenminister a. D. und ich ihn bedrängten, hielt er an. Die junge Frau war übersäht mit blauen Flecken und Beulen und blutverschmiert. Wir bestanden darauf sie mitzunehmen und weinend erzählte sie uns, dass sie Engländerin sei und seit einigen Jahren mit einem Iraner verheiratet sei, der sich zur Zeit in England aufhielt. Und nun hätte die Familie ihres Mannes beschlossen sie zu töten und nur im allerletzten Moment entkam sie dem Tod durch Steinigung.

Nach einer bedrückenden, angstvollen Fahrt kamen wir in Teheran am Flughafen an. Der Flughafen war von der Polizei und vom Militär besetzt und es war keine Flugbewegung mehr zu beobachten.

Die Besatzer schienen sich aber nicht um die Ausländer zu kümmern. Wir hatten sogar Gelegenheit Tee und Dugh, ein mit Eiswasser verdünnten Joghurt zu trinken, während in der Ferne immer wieder Schüsse zu hören waren.

Am Lufthansaschalter war noch Betrieb. Eine ganze Menschtraube wollte Auskunft, ob nicht doch noch eine Maschine nach Frankfurt starten würde.

Der Exaußenminister zog mich zu Seite und teilte mir mit, dass von der früheren Regierung ein Flugzeug von der Lufthansa gechartert wurde, eben für die „Großköpfigen", um unbeschadet außer Landes zu gelangen.

Er verhandelt kurz mit dem Lufthansapersonal, dann drückte er mir ein Ticket in die Hand und empfahl mir »Bleiben Sie einfach hinter mir und zeigen Sie allen die Sie ansprechen Ihren deutschen Pass und das Ticket.«

Wir kamen an das Gate der Lufthansa, da waren noch zwei Lufthansastewardessen und mehrere Geheimpolizisten der gefürchteten „Savak".

Die Stewardessen waren gewohnt freundlich und ließen sich die angespannte Situation kaum anmerken. Ohne Probleme ereichten wir unser Flugzeug und ließen uns aufatmend in unsere Sitze fallen.

Nun saßen wir im Flugzeug, einer deutschen Maschine der Lufthansa und ich fragte mich, ob dies bereits deutsches Hoheitsgebiet wäre. Aber die Frage war nur theoretisch, da die

Flugbahn eines Geschosses sich davon nicht beeindrucken ließ.

Meine Hand umkrampfte das Ticket, auf dem der Werbespruch der Lufthansa stand: „Der Unterschied zwischen den Fluggesellschaften liegt in der Luft."

Aber noch waren wir am Boden und da saßen wir zwei Tage und eine Nacht und warteten und warteten auf den Start. Auch der Flugkapitän konnte uns nicht sagen, wann oder ob wir überhaupt eine Starterlaubnis bekommen würden.

Die Luft in der Maschine war heiß und stank nach Angstschweiß. Um die Batterien zu schonen war die Klimaanlage abgeschaltet und die wenigen Getränke und das spärliche Essen waren lauwarm.

Gegen 18 Uhr des zweiten Tages wurden die Motoren angeworfen und unser Blutdruck schien die Adern zu sprengen. Die Maschine rollte auf die Startbahn, und wir warteten angespannt auf das Aufheulen der Triebwerke. Doch ganz plötzlich erstarben die Motoren und in die atemlose Stille hinein informierte uns der Pilot entnervt »Unsere Starterlaubnis wurde wieder zurückgezogen.« und trotzig fügte er hinzu »Aber ich werde mit der Maschine hier auf der Startbahn stehen bleiben und wenn bis 20 Uhr keine Starterlaubnis erteilt ist, werde ich auf jeden Fall starten!«

Tatsächlich heulten zwei Stunden später die Triebwerke auf und das Flugzeug startete in einen tiefblauen Himmel. Unter uns lag Teheran, so scheinbar friedlich und schön im Funkeln der Lichter und der ehemalige Außenminister drückte mir in stummer Ergriffenheit die Hand.

Nach der Landung in Frankfurt sind wir uns in die Arme gefallen und ich hatte für lange Jahre einen früheren Außenminister als Brieffreund.

In den Nachrichten verfolgte ich die Geschehnisse im Iran, dem ehemaligen Persien. - Von 1906 bis 1979 war das Land eine konstitutionelle Monarchie, die von einem Schah regiert wurde. Nach blutigen Unruhen hatte nun der Schah das Land verlassen. Eine Säuberungswelle in der Verwaltung und der Armee durch Revolutionsgerichte rollt durch den Iran. Nach der Machtergreifung der Revolutionsgarden und der Revolutionswächter, einer Gruppe strenggläubiger Shiiten, wurden soziale Errungenschaften der letzten zwanzig Jahre sofort zurückgedreht. Man verlangte islamisches Verhalten im Umgang und in der Kleidung. Frauen, die ohne Schleier angetroffen wurden, wurden in den ersten Monaten hingerichtet.

Die Revolutionäre verjagten die Reste der alten Machthaber und veranstalteten eine Volksabstimmung über die Einführung einer islamischen Republik nach den Regeln des Khoran und der Sharia, des islamischen Rechts. Bei dieser Abstimmung gab es nur eine Ja-Antwort-Möglichkeit, und die Wahl war nicht geheim. Ajatollah Khomeini wurde die bestimmende politische Figur und übernahm als Revolutionsführer die Macht in der Islamische Republik Iran, persisch Jomhori-e Islami-e Iran.

Einige Monate vergingen und die neuen Herren im Iran, wollten, dass die von mir betreute Anlage schnell wieder mit der Produktion begann. Man bedrängte mich, dass ich wieder meine Arbeit aufnahm, aber inzwischen hatte ich bereits neue Aufgaben übernommen.

Ich vermittelte meinen Freund Martin aus München. Er war ein bestens ausgebildeter Ingenieur um meine Arbeit mit den verbliebenen Fachleuten optimal abzuschließen und ich hoffte dass er auch mein Honorar und meine persönlichen Dinge mitbringen würde.

Ich berichtete Martin ausführlich über meine Erlebnisse im ehemaligen Persien, aber er lachte nur über meine Bedenken. Sein beherztes Zupacken, das urwüchsige Selbstvertrauen und sein herzhafter Humor haben unsere Freundschaft bis heute begleitet.

Als die Anlage wieder arbeitete kam mein Freund zurück und berichtete mir telefonisch, dass es sich nicht rentiert hätte meine Klamotten mit nach Deutschland zu schleppen und die Teppiche wären sowieso zu schwer gewesen. Aber mein restliches Guthaben hätte er mitgebracht und bei unserem nächsten Treffen würde er es mir übergeben. Es vergingen einige Jahre, in denen wir an verschieden Enden der Welt arbeiteten und mehrmals erinnerte ich ihn an die ausstehende Zahlung. Eines Tages verabredete er sich mit mir in einem Hotel zur „Geldübergabe". Großzügig lud er mich zum Essen ein. »Als Ausgleich für die verzögerte Bezahlung.« erklärte er grinsend.

Nach dem Essen verlangte er die Rechnung. Der Kellner war ein freundlicher Türke. Martin drückte ihm einen beleimten Block mit Hundertmarkscheinen in die Hand und erklärte dem verduzten Kellner »Ich habe es nicht kleiner. Reiß dir einfach aus dem Block den erforderlichen Betrag und nimm dir auch ein Trinkgeld!«

Ich wusste, dass Martins Kopf voller Streiche war und so war es auch für mich zuerst ein Scherz. Der Kellner schaute mit großen Augen den Geldblock an und ging völlig verunsichert rückwärts in die Küche.

Nach kurzer Zeit kam er zurück und legte den ganzen Block wieder vorsichtig auf den Tisch.

»Chef sagen, Essen nichts kosten.« erklärte er schüchtern und schon war er wieder verschwunden.

Martin grinste zufrieden und holte aus seiner Tasche noch ein paar der Blöcke. Er schob sie zu mir und sagte: »Michael, das ist dein Geld. Es sind zweihundert Mark mehr, die darfst du behalten.«

Natürlich war ich genau so geschockt wie unsere Bedienung, aber ich wollte es mir nicht anmerken lassen und verabschiedete mich ohne weitere Diskussion.

Anschließend fuhr ich mit dem Auto nach Frankfurt und als ich an einer Tankstelle zahlen wollte, nahm die Dame meinen Geldblock und blieb eine Zeitlang verschwunden.

Ich schaute noch etwas in eine Tageszeitung und war am lesen, als die Tür aufging und die Dame ganz aufgeregt auf mich zeigte und der hereinstürzenden Polizei meinen Geldblock übergab. Auch sie war der Meinung, dass es sich um Falschgeld handelte und hatte sich nicht getraut einen der

Hunderter abzureißen.

Ich musste mit den Polizisten zum ihrem Auto und ein Schein wurde abgerissen und geprüft. Schnell stellte es sich heraus, dass es sich um echtes, richtiges Geld handelte. Ich wurde mit einem Kopfschütteln entlassen, nicht ohne den Hinweis, künftig derartig alberne Scherze zu unterlassen.

Trotzdem traute ich der Sache nicht und ließ mir die Echtheit der Geldnoten noch einmal von der Bank bescheinigen.

SÜDTIROL - ITALIEN

Wieder in Deutschland zurück, erwartete mich das Angebot eines früheren Auftraggebers. Ich sollte eine Anlage in Oberitalien in Gang zu bringen. Die Aufgabe reizte mich, und ich nahm das Angebot gerne an. Meine Zeit in Italien wurde zu einer der schönsten in meinem Leben.

Für die Mitarbeiter im Betrieb war ich nur „signore ingegnere", der Herr Ingenieur. Wen interessierte schon ein Name, wenn man sich vor einem Titel verbeugen konnte. Doch schon bald spürte ich eine respektvolle Anerkennung meiner Arbeit und eine große persönliche Sympathie.

Nach einheimischen Sitten begann mein Arbeitstag erst zwischen 8 und 9 Uhr. Aber bevor ich mich in die Arbeit stürzen „durfte", überwachte meine Sekretärin mit Argusaugen, dass ich zuvor noch ungestört meinen Kaffee Macchiato trinken und mit der notwendigen Ruhe „il giornale" - die italienische Tageszeitung lesen konnte. Nach dem Kaffee ging ich gemeinsam mit dem italienischen Betriebsleiter durch den Betrieb. Ich kümmerte mich um alles persönlich, einerseits, um die übernommene Aufgabe zu bewältigen, andererseits, weil ich die Herzlichkeit der Italiener rasch kennen und schätzen lernte. Ich erkundigte mich nach dem Wohlergehen der Mitarbeiter und der Familien, gab private und beruflich Ratschläge und ordnete ganz nebenbei an, welche Arbeiten zu erledigen waren.

So begann jeder Tag, mit einer Gelassenheit, die mich staunen ließ, welche hervorragenden Arbeitsergebnisse ohne Verbissenheit, Kritik und Befehle möglich waren.

Ich wohnte damals in einer schönen Pension. An den Wochenenden ging ich meist in den nahen italienischen Dolomiten klettern oder im Winter zum Skilaufen.

Die „Bleichen Berge" werden die Dolomiten genannt, jene Gipfel hoch im Norden Italiens. Bleich ist allerdings nur das Gestein. Die Gipfel selber erheben sich mit filigraner Leichtigkeit in den tintenblauen Himmel. Aber auch wenn sich der

Himmel stahlgrau verfärbt und sich zwischen den majestätischen Berggipfeln ein von Blitzen sprühendes Metalldach spannt, hat diese Landschaft noch immer etwas Einmaliges und Geheimnisvolles an sich.

Vor der traumhaften Kulisse dieser Bergwelt lag ein versteckter Bauernhof. Hier lebte eine Familie mit vier Kindern, die kilometerweit zu Fuß zur Schule mussten, bergab und bergauf, im Sommer wie im Winter.

Auf diesem Bauernhof, inmitten von Weinbergen, baute ich eine alte Scheune zu einer „Berghütte“ mit Schreibtisch, Tisch und Bett aus, so dass ich dort meine Freizeit verbringen konnte. Da es weder Licht noch Telefon gab, war ich hier ungestört, es war ein kleines Paradies, indem sich der Mensch der Natur unterordnete.

Von hier aus startete ich meine Bergtouren. Den Wechselbädern erregter Anspannung folgten Stunden der Muße. Ich genoss die Freude über versteckte Blumenoasen abseits aller Wege, so schillernd bunt wie die Schmetterlinge, die lautlos durch das Licht gondelten. Ich beobachtete Murmeltiere die sich in den höchsten Tönen übten, erregt schnaufende Gämsen, aufgeschreckt vom unachtsam hinab gestoßenen Stein und kreisende Dohlen unter dem Tintenhimmel, dort wo Flugzeuge weiße Girlanden zeichneten.

Nicht selten entlockte mir auf meinen Klettertouren der schwere, drückende Rucksack einen verhaltenen Fluch, wenn die Hitze vom hellen Fels mal wieder recht arg zurückprallte, wenn die Füße nicht mehr wollten, oder meine Schritte im Geröll keinen Halt mehr fanden. Doch alle Plagen waren spätestens dann ausgestanden, wenn ich eine sonnendurchflutete Scharte erreichte und sich vor mir eine Landschaft ausbreitete, bei deren Beschreibung die Lippen gemeinhin stumm bleiben - weil Worte nicht ausreichen sie in Bildern fassbar zu machen.

Die Dolomiten sind beliebt, sehr beliebt sogar! Vor lauter Liebe werden sie fast erdrückt. Und irgendwann werden sie an dieser Liebe wohl sterben. Todesursache: Zu Tode geliebt.

Der Bauernhof lag abseits der Straße und das letzte Stück

des Weges musste zu Fuß zurück gelegt werden, zwischen Bergwiesen mit Enzian und anderen hübschen Blumen und vorbei an einsamen Latschenkiefern und Lärchen.

An den Wochenenden wartete die ganze Bauerfamilie auf mich. Da sie weder ein Radio noch ein Fernsehen hatten, brachte ich mein batteriebetriebenes Kofferradio mit dem eingebauten Kassettenrekorder mit und wir hatten viele schöne Abende beim flackernden Schein einer Petroleumlampe und Kerzen.

DIE BERGTOUR

An einem Morgen saß ich in meiner Pension beim Frühstück, als mich ein neuer Pensionsgast ansprach. Er war wohl um die Vierzig und trug einen feinen Anzug mit Fliege. Fast schüchtern bat er mich, ob er mich auf eine meiner Bergtouren begleiten dürfte, da er sich in den umliegenden Bergen nicht auskennen würde. Ich forderte ihn auf sich zu mir zu setzen und wir unterhielten uns angeregt. Er erzählte mir, dass er noch ledig wäre und mit seiner „Mutti" hier Urlaub machen würde. Er schien an seiner Mutter sehr zu hängen und das Fürsorgliche in seiner Stimme war nicht zu überhören. Ich war sehr überrascht, als sich im weiteren Gesprächsverlauf herausstellte, dass mein Gegenüber Professor und Vorstand einer großen deutschen Autofirma war.

Wir hatten uns auf den nächsten Samstagmorgen verabredet. Aber schon an seinem Schuhwerk erkannte ich, dass wir keine großen Berge bezwingen konnten und aus der geplanten Bergtour wurde eine Wanderung, die mehr einem Spaziergang glich. Er erzählte mir aus seinem Leben, das er trotz seiner exponierten beruflichen Stellung als sehr eintönig empfand. Er schlug mir vor ich sollte auf seine Kosten etwas Außergewöhnliches organisieren, irgendwo auf den Bergen - eben nicht zu hoch.

DAS GROSSE HÜTTENFEST BEIM MOARHOF

Auf Wunsch „meines“ Professors begann die Planung für ein einmaliges Hüttenfest unter dem Motto: Un giorno dell' amicizia - Ein Tag der Freundschaft.

Auf dem Bauernhof, auf dem ich mein Refugium eingerichtet hatte, gab es alles, was man zu einem zünftigen Hüttenfest brauchte. Es wurde selbst geschlachtet, es gab eigene Weinberge, es gab einen Gemüsegarten und es gab Obst in Hülle und Fülle. Hier begann ich mit der Hilfe der Bauersleute mit den Vorbereitungen.

Mitten auf dem Hof vor dem Haus errichteten wir einen Scheiterhaufen aus Holzabfällen von Bäumen und Sträuchern der Weinberge. Unser Feuerstapel ragte weit über unsere Köpfe hinaus.

Im Garten stellten wir Bänke und Tische für gut zwanzig Personen auf. Die Frauen machten große Schüsseln mit verschiedenen Salaten und schnitten große Scheiben von selbstgebackenem Bauernbrot. Der Bauer und ich kümmerten uns um den selbstgeräucherten Speck und füllten den Wein ab, aus den großen Fässern im Weinkeller, der tief in die Felsen gehauen war.

Meine Freizeitbude wurde mit Girlanden geschmückt und die Musik drang aus einem alten Grammophon, das schon zwei Weltkriege überlebt hatte und ständige Aufmerksamkeit an der Kurbel erforderte.

In meiner Pension hatte ich alle Gäste eingeladen, ohne Einzelheiten zu nennen. Nur von einem geplanten größeren Fußmarsch in die Berge hatte ich sie informiert und vage eine Überraschung angedeutet, um ihr Interesse zu wecken. Ich ließ mir versprechen, dass jeder einen Freund oder Bekannten zu unserem Vorhaben einladen sollte.

Abends, gegen 18 Uhr, kam einer nach dem anderen aus seinem Zimmer. Meine Gäste waren mit praktischer Bergkleidung und gutem Schuhwerk ausgerüstet, und bestens für einen Fußmarsch in die Berge präpariert.

Erst als alle auf dem Hof standen erzählte ich, wohin wir marschieren wollten. Ich weigerte mich standhaft gegen die verständliche Neugier meiner Begleiter, weitere Einzelheiten zu erfahren. Der Fußmarsch dauerte gut zwei Stunden. Es war eine wunderbare, erwartungsvolle Stimmung. Die Dämmerung wanderte langsam mit uns den Berg hinauf und es wurde viel gelacht und gesungen.

Wir waren nur noch wenige hundert Meter vom Hof entfernt, als eine riesige rote Flamme aufloderte und die Nacht um uns mit sprühenden Funken erhellte. Das war das Zeichen, dass sich dort etwas Besonderes abspielte.

Als wir am Hof ankamen, war die Überraschung riesengroß. Der Bauer, seine Frau und ihre Kinder kamen uns entgegen, alle hatten Schnapsgläschen für die Gäste in den Händen. Dann schenkte der Bauer den guten, selbstgebrannten Grappa ein und wir standen alle um das große, zum Himmel zischende Feuer und prosteten uns gutgelaunt zu.

Damit war das Fest eröffnet. Die Festtafel lockte mit ihrem herzhaften Angebot. An den Tischen wurde urig gegessen, auf Holztellern zum Speckschneiden und Schüsseln mit dem Salat, der kurz vorher noch im Salatbeet im Garten stand. Das selbstgebackene Brot roch noch nach Backofen, und der Wein aus den Krügen glänzte in allen Perlfarben beim Einschenken im Glas.

Es wurde erzählt, getrunken, gescherzt und gegessen, solange noch Glut im Feuer war. Die jüngeren Paare tanzten und alle sangen und lachten und keiner dachte daran, auf die Uhr zu schauen. Als das Feuer seine letzten Funken versprühte, war es morgens um 3 Uhr.

Um uns war schwarze Nacht. Alle hatten wir den Grappa und Wein genossen und keiner traute sich so recht, den Marsch zurück ins Tal anzuführen, über den felsigen Fußweg mit seinen Heimtücken. So drängte sich alles in meine kleine „Berghütte“, um im flackernden Schein der Petroleumlampe sich zum Abschied mit einem letzten Grappa den notwendigen Mut anzutrinken.

Fröhlich und gutgelaunt machten wir uns dann auf den

Weg. Unsere tapferen Berglieder verschluckte die Nacht und nur ganz fern rollte das Echo unseres Gesangs. Die Morgensonne malte bereits eine golden glänzende Korona um die dunklen Silhouetten der Berge, als wir unversehrt im Tal ankamen. Man sagt, auf Kinder, Betrunkene und Verrückte legt der Liebe Gott schützend seine Hände und so kamen wir unversehrt und müde bei unserer Pension an.

Zu unserem Kummer mussten wir feststellen, das die Haupttüre von innen verschlossen war, so dass unsere Schlüssel nichts nützten.

Die kühle Morgenluft und der Marsch hatten mich soweit ernüchtert, dass ich mich an eine Auszugsleiter erinnerte, die im angrenzenden Schuppen hing. Mit dieser Leiter und vielstimmigen Ratschlägen gelangten wir alle auf den Balkon im zweiten Stock, auf dem auch Zimmer unserer Gruppe lagen. Aber auch von hier aus war es unmöglich in die anderen Stockwerke zu gelangen, da die Flurtür verschlossen war.

Wie sich alles erledigt hatte, kann ich heute nicht mehr in Erinnerung bringen, denn ich wachte in einem Kinderbett auf, an dem die Fußleisten entfernt wurden, so dass ich meine Füße ausstrecken konnte. Mit wessen Hilfe ich das bewerkstelligt hatte, habe ich nie erfahren.

Von diesem Tag an waren wir alle dicke Freunde, auch der Herr Professor wurde unser Freund und hat mir Jahre danach noch Dankesbriefe geschrieben.

Jahre später wollten einige aus der Gruppe noch einmal das gleiche Fest veranstalten, aber so etwas lässt sich nicht wiederholen, es war einfach unvergesslich und einmalig.

BEKANNTSCHAFT MIT DER MAFIA

Jedes Jahr besuchte ich die Hannover-Messe, um auf dem neuesten Stand der Entwicklung bei Spezialmaschinen und Geräten zu bleiben.

Ich war auf dem Ausstellungsstand einer italienischen Firma in eine Fachsimpelei vertieft, als mich ein Geschäftsfreund aus Stuttgart aufgeregt unterbrach. Er berichtete mir, dass in seinem Stand ein Mann mit einem alten Rucksack sitzen würde, der schlecht angezogen sei und einen Geruch verbreitete, als habe er sich jahrelang nicht mehr gewaschen. Er selbst hätte alles versucht, um diesen Mann loszuwerden, da er mit seiner Erscheinung alle anderen Kunden von einem Besuch seines Standes abhalten würde.

Mein Geschäftsfreund schaute mich flehend an und bekniete mich geradezu ihm zu helfen. Ich ließ mich nur widerwillig überreden und erst als er versprach »Du bekommst die beste Flasche Wein, die wir bei uns am Stand haben«, folgte ich ihm zu seinem Messestand.

Schnell stellte ich fest, dass der Mann Italiener war. Als er merkte, dass ich ein paar Wörter italienisch verstand, erklärte er mir enthusiastisch, dass er die auf dem Messestand ausgestellte Maschine kaufen wollte. Umständlich erklärte ich ihm, dass es sich nur um einen Teil einer Maschine handelte. Er schaute mich skeptisch an und fragte: »Bist du ein Ingenieur und verstehst du, was das für eine Maschine ist?«

Ich nickte und um ihn vom Stand meines Geschäftsfreundes wegzulocken bat ich ihn, mit mir einen Kaffee trinken zu gehen.

Mein Freund zwinkerte mir dankbar zu und signalisierte mir, dass ich die versprochene Flasche Wein verdient hätte.

Ich zog den zaudernden Italiener hinter mir her in einen Kaffeeshop. Nach einem neuerlichen Blick auf die abgerissene Erscheinung, übernahm ich die Bestellung und das Bezahlen. Dann erklärte ich schmunzelnd und selbstgefällig, ob mein italienischer „Freund“ denn wisse, dass die Maschine, der sein Interesse galt, etwa 5 Millionen Deutsche Mark kosten würde.

Ich erwartete, dass er verschreckt das Weite suchen würde, aber er schaute mich nur minutenlang über seine Kaffeetasse hinweg nachdenklich an.

Dann sagte er, ganz so, als wollte er eine unumstößliche Tatsache feststellen: »Wenn du ein Ingenieur bist, kannst du bestimmt eine billigere Anlage besorgen.« Ich versuchte ihm umständlich klar zu machen, dass er doch nach seinem Aussehen nicht genug Kapital hätte und er sein Vorhaben vergessen sollte.

Wieder schaute er mich lange und abschätzend an. Dann zog er eine verschmutzte und kaum leserliche Visitenkarte aus der Tasche und legte sie vor mir auf den Tisch. Ich schüttelte nur den Kopf und beschloss das Gespräch so schnell wie möglich zu beenden. Als ich aufstehend wollte, zog er mich zurück auf meinen Stuhl. Er gab mir zu verstehen, wenn ich ihm nicht glauben würde, dass er Geld genug hätte, sollte ich eine Auskunft bei seiner Bank in Italien einholen. - Er schob die Kaffeetassen zur Seite und knallte seinen Rucksack auf den Tisch und erklärte, er könnte 50 000 DM sofort bezahlen, sie befänden sich in seinem Rucksack.

Tatsächlich wurden von der Bank alle Angaben des Italieners bestätigt. Ja, es wurde ihm sogar eine uneingeschränkte Kreditwürdigkeit bescheinigt. Aber unter der Hand, wurde ich auch informiert, dass er einer der größten und reichsten Mafiabosse Italiens wäre und alle Vorsicht geboten sei.

Einigermaßen verlegen, wegen meiner oberflächlichen Einschätzung, versprach ich, mich um sein Anliegen zu kümmern. Das musste ich ihm auf die Hand versprechen. Als ich vorschlug, später einen schriftlichen Vertrag zu machen, schaute er mich mit finsterer Miene an. Er erklärte kategorisch, dass er niemals schriftliche Vereinbarungen treffen würde und sein Händedruck mehr Wert sei, als jedes gestempelte und gesiegelte Stück Papier. »To do la mia parola!« - Ich gebe dir mein Wort!

Es vergingen einige Tage, ohne dass ich von dem Italiener hörte und insgeheim hoffte ich, dass sich die Angelegenheit erledigt hätte. Doch eines Tages klingelte das Telefon und ich bekam unmissverständlich die Anweisung, die ersten Pläne anzufertigen und damit schnellstmöglich nach Süditalien zu kommen. Außerdem wurde mir der Betrag mitgeteilt, den mein italienischer „Freund" gewillt war für die gesamte Anlage zu bezahlen. Der Ton erübrigte eine Diskussion über den Preis. Da der festgelegte Betrag nicht die Hälfte des Kaufpreises einer neuen Anlage betrug, habe ich mir überlegt, ob es nicht irgendwo in Europa eine Gebrauchtanlage zu kaufen gäbe.

Ich dachte mir „Val più la practica che la grammatica" - probieren geht über Studieren und wie der Zufall so spielt, wurde mir bereits nach zwei Wochen in Deutschland eine bereits abgebaute Anlage angeboten. Die gestapelten Maschinenteile machten einen schlimmen Eindruck und ein Teil der Anlage lag bereits auf dem Schrottplatz. Ich besichtigte diese Anlage mit einem Spezialisten der Herstellerfirma, diesem kam nur ein müdes Lächeln über die Lippen und er winkte sofort ab.

Mir fiel ein, dass ein Freund von mir lange Zeit bei dem gleichen Hersteller beschäftigt war. Mit meinem Freund Martin vereinbarte ich einen neuen Besichtigungstermin. Nach langen Überlegungen beschlossen wir, alle Teile der Anlage, auch die, die bereits auf dem Schrott gelandet waren, soweit möglich auf neu zu überholen, mit einer eigenen Truppe, zusammengesetzt aus verschiedenen Berufen und Nationen.

Wir mieteten eine ganze Pension für unsere Mitarbeiter, da es sich meist um Mohammedaner und Moslems handelte, die selbst ihre Speisen und Getränke zubereiten wollten. Mein Freund Martin übernahm den technischen Ablauf und ich die gesamte Organisation.

Bereits nach drei Monaten hatten wir alle notwendigen neuen Ersatzteile und die Maschinen waren zum größten Teil gesäubert und repariert. Im vierten Monat begann der provisorische Zusammenbau der Anlage und die Grundierung der

Maschinen. Danach wurde die Anlage wieder abgebaut und die einzelnen Teile lackiert und in Folie verpackt.

Die Transportverpackung der schweren Maschinen musste den Größen und Ladegewichten der Eisenbahnwaggons und teils denen von Lkws entsprechen. Die Maschinenteile, die auf die Lkws verladen waren, erreichten problemlos ihren Bestimmungsort. Die Maschinen in den Eisenbahnwaggons waren auf zwei Transport-Züge verteilt. Auch einer der beiden Züge erreicht planmäßig seinen Bestimmungsort, aber die Waggons des zweiten Zuges mit unserer Fracht waren nach der Grenzstation verschwunden.

Wie aufgescheuchte Hühner versuchten wir die verlorenen Maschinenteile aufzuspüren und ich dachte besorgt an meine Investitionen. In dieser Zeit schlief ich sehr schlecht und träumt oft von der Mafia und „una fila di disgrazie“ - eine Serie von Unglücksfällen – flackerte durch meine Träume.

Nach Wochen konnte die Transportversicherung die Waggons abseits der normalen Fahrtroute ausfindig machen. Unsere Waggons waren aus unerfindlichen Gründen abgekoppelt und vergessen worden.

Nun, nachdem glücklich alle Maschinen beim Kunden angelangt waren, hatte ich eine italienische Firma aus Bozen beauftragt, die kaufmännische Abwicklung mit meinem Auftraggeber vorzunehmen.

Den Chef der Bozener Firma kannte ich noch aus meiner früheren Tätigkeit in Oberitalien. Mit seiner einmotorigen Cessna flogen wir nach Süditalien und landeten auf dem kleinen Privatflugplatz meines italienischen Geschäftspartners.

Ich hatte meine Ankunft avisiert, aber vergessen, meinen Begleiter zu erwähnen. Ich stieg als erster aus dem Flugzeug und wurde warmherzig umarmt und willkommen geheißen. Als mein Bozener Kaufmann das Flugzeug verlassen wollte, wurde er sofort mit Steinen beworfen und derart beschimpft, dass mir Angst und Bange wurde. Mein Auftraggeber knurrte ihn mit einem bitterbösen Blick an: »Lei è qui per affari?« – Sind Sie geschäftlich hier? »Che cosa vuoi?« - Was willst du?

Erst nach langem aufgeregtem Geschrei und wildem Gestikulieren, beruhigte man sich.

Mein Begleiter hatte sich kreidbleich hinter meinem Rücken versteckt. Er erklärte mir stockend, dass er unser Empfangskomitee bereits von einem anderen Geschäft her kennen würde, das nicht nach dem Wunsch des Mafiosi abgelaufen sei. Der Schreck hatte ihm mächtig zugesetzt und er hielt sich kleinlaut im Hintergrund.

In zwei protzigen, neuen Mercedes wurden wir zu einem Industriegelände gefahren, auf dem auch die von mir betreute Anlage entstehen sollte. Mit einer ausladenden Handbewegung zeigte mein Auftraggeber auf ein bis zum Horizont reichendes Gelände und sagte: »Il terreno fabbricabile« - das Baugelände.

Als wir dort ankamen, staunte ich nicht schlecht, als ich eine Kolonne von Lkws sah. Sie standen vor dem Zufahrtstor und warteten auf Einlass zur Beladung mit „Industrie-Eis“, da unser Auftraggeber auch der noch einzige große Industrie-Eis-Hersteller in Europa war.

Die Lkws wurden beladen, danach kam ein kleiner Gabelstapler mit einer Obstkiste bestückt. Dort mussten die Lkw-Fahrer das Geld für das Eis hineinwerfen. Ich konnte nicht erkennen, dass der Zahlungsbetrag geprüft wurde. Offensichtlich genügte der Ruf des Eisfabrikanten, um einen korrekten Zahlungsablauf zu garantieren. So ging es von früh morgens bis spät abends, ein Lkw nach dem anderen. Nach Feierabend fuhr der Gabelstapler mit einer großen Kiste beladen zur Bank, um die Tageseinnahmen zählen und gutschreiben zu lassen.

Da für die Zahlungsabwicklung der Anlage Banken eingeschaltet werden mussten, genügten die bisherigen Handschlag-Verträge nicht mehr.

Es wurde vereinbart, am nächsten Tag die Verträge auszufertigen. Als wir am anderen Morgen an der Eisfabrik ankamen, fragten wir nach dem Büro und mussten hören, dass es zwar einen kleinen Raum gäbe, der später, wenn unsere neue

Anlage aufgebaut sei, als Büro eingerichtet werde, aber im Moment... »No, mi dispiace.« - Nein, tut mir leid.

Wir besichtigten das geplante Büro. Dort standen ein alter, von Spinnweben überzogener Schreibtisch, ein großer mit Staub überzogen Ledersessel und zwei Küchenstühle.

Der Sohn des Mafiabosses war ein sehr netter, junger Mann. Leider hatte er keine Zeit zur Schule zu gehen, da er in der Eisfabrik den Geld-Gabelstapler fahren musste, der natürlich für nicht zur „Familie" gehörende Leute „vietato" - verboten war. Er zeigte mir voller Stolz eine Schreibmaschine und eine Rechenmaschine, noch verpackt und fabrikneu. Ein Arbeiter aus der Eisfabrik hat inzwischen den größten Staub entfernt, so dass wir Platz nehmen konnten.

Nun sollte der Vertrag aufgesetzt werden, aber leider gab es kein Schreibpapier. Der Boss löste das Problem, indem er seinen Sohn beauftragte eine neue Rolle Toilettenpapier zu besorgen, auf dem dann geschrieben wurde. Diese ungewöhnliche Notlösung machte erneut deutlich, was man in Mafia-Kreisen von schriftlichen Verträgen hielt.

Nach kurzer Zeit war unser Vertragspartner in seinem alten Ledersessel eingeschlafen, der Sohn musste wieder zu seinen Lkws, und so hat mein Bozener Begleiter alleine weitergeschrieben.

Als mein Rollen-Vertrag fertig war, schlug mein Begleiter mit der Faust auf den Tisch, denn anders war der Boss nicht zu wecken. Er unterschrieb sofort, ohne weitere Diskussion, so dass wir bereits am Abend wieder zurückfliegen konnten. Der Vertrag musste ja bei der Bank vorgelegt werden und vorher die perforierte Rolle auf DIN-A4-Blätter kopiert werden. Alle im Vertrag vereinbarten Verpflichtungen wurden von meinem Auftraggeber bis ins Detail genau erfüllt.

Nun begann die Phase des Aufbaus der Anlage, alles lief wie vorgesehen und schon nach sechs Monaten konnte die Abnahme erfolgen. Der Abnahme-Zeitraum war auf acht Wochen vereinbart, danach musste die Anlage mit der Produktion beginnen.

Wir erfüllten damit alle Vereinbarungen, aber der Auftraggeber wollte noch eine zusätzliche Maschine, die wir in seiner Fabrik bauen sollten. Es wurde vereinbart, dass von der italienischen Seite alle notwendigen Spezialisten bereitgestellt würden, und wir, neben dem Einfahren der Hauptanlage, die Anleitung und Beaufsichtigung übernehmen sollten.

Leider mussten wir nach der Fertigstellung der Maschine feststellen, dass alle Arbeiten, vor allem die Elektrik, sehr schlampig gemacht wurden und die Maschine nicht perfekt funktionierte.

Unsere Auftraggeber vereinbarte mit meinem Freund Martin, ohne mein Mitwirken, dass er die Maschine funktionsfähig machen würde.

Nach der Inbetriebnahme der Hauptanlage, die inzwischen bei sehr guter Qualität die volle Produktion leistete, war mein Auftrag erfüllt und ich kehrte nach Deutschland zurück.

Wenige Wochen später gab es weitere Schwierigkeiten mit der Qualität der in Italien gebauten Maschine. Martin berichtete mir telefonisch, er hätte sich geweigert, sich noch länger mit dieser Angelegenheit herumzuschlagen, er wollte ebenfalls zurück nach Deutschland.

Kurz zuvor wurde er zur bevorstehenden Hochzeit des Sohnes vom großen Mafiaboss eingeladen. Die Zeremonie wurde auf einer Privatinsel der Mafiafamilie gefeiert und natürlich auch im Kreise der „Familie".

Eines nachts, gegen 3 Uhr morgens, bekam ich in Deutschland einen telefonischen Hilferuf von Martin. Er berichtete, dass er in Todesgefahr sei und bat mich sofort zu kommen und ihm zu helfen. Atemlos und hektisch erzählte er, dass er nach der Hochzeitsfeier entführt und auf der Insel festgehalten wurde. Man hätte ihm gedroht, ihn mit einem Betonklotz am Bein zu ertränken, wenn die Maschine nicht innerhalb von zwei Wochen zum Laufen kommen und die Produktion beginnen würde.

Bereits eine Stunde später saß ich im Auto und fuhr Richtung Kalabrien, mit der Angst im Nacken, dass Martin bereits etwas passiert sein könnte. Da ich fast 2 000 km zu bewältigen hatte, kam ich erst spät nachts in Kalabrien an und musste erst einige Stunden schlafen.

Nach einem unruhigen, kurzen Schlaf fuhr ich direkt zur Residenz des Mafiosi. Er kam aus dem Haus und umarmte und küsste mich so richtig nach kalabrischer Mafiaart, wie einen verlorenen Sohn. Er erzählte von seiner Familie, seinen zwei Söhnen und der großen Hochzeitsfeier.

Da ich das Versteck von Martin nicht kannte, wollte ich mir nicht anmerken lassen, dass er der Grund meines Besuches war. Als ich so nebenbei nach Martin fragte, schaute er mich groß an und wusste nicht sofort, was er antworten sollte. Ich erklärte ihm, dass ich gekommen wäre, um die gesamte Anlage - und auch die nachträglich gebaute Maschine - mit Martin durchzusprechen und wenn erforderlich so lange hier in Kalabrien bleiben würde, bis alle noch etwaigen Mängel beseitigt wären und Martin auch den zugesagten Betrag erhalten hätte.

Während diesem Gespräch kam sein Sohn und hat mich ebenso herzlich begrüßt und mit mir geplaudert. Inzwischen war sein Vater für einige Stunden verschwunden und kam dann mit Martin zurück. So bleich wie Martin aussah und das auch noch bei der großen Hitze in Kalabrien, hatte ich ihn noch nie gesehen. Als er mich erkannte, stammelte er nur: »E' una meraviglia.« - Es ist ein Wunder.

Ich hatte das Glück, dass mich die ganze Familie der Mafiosos gerne hatte und meinen Rat suchten. So habe ich den Vorschlag gemacht, nicht weiter über Martins „unfreiwilligen Aufenthalt" zu sprechen, sondern gemeinsam die Maschine, mit einem neuen, besseren Elektriker fertig zu montieren und an die Hauptanlage einzugliedern. Der Mafiosi nicht zustimmend und brummte: »Eine Anklage ohne Beweise, sind nur Worte ohne Inhalt, ein Casanova ohne Pimmel.«

Solange wir noch in Kalabrien waren, wurden wir noch zu einer Tanzveranstaltung eingeladen. Als wir dem Gebäude der Veranstaltung näher kamen, empfingen uns ein paar Männer, die nicht gerade einen einladenden Eindruck machten. Martin war auch der Meinung, einen davon auf seiner Gefangeneninsel gesehen zu haben. Wir machten auf dem Absatz kehrt und fuhren auf dem schnellsten Weg zurück in mein Hotel. Diese Art von Abenteuern war nicht unsere Sache.

Bald arbeitete die Anlage ohne Beanstandungen und so gab es noch einen besonderen Abschied am Meeresstrand. Da wir alles Reisegepäck schon bei uns hatten, hatten wir die Sorge, dass während unserem Baden im Meer unsere Sachen gestohlen würden. Aber alle versicherten uns, dass es niemand in dieser Gegend gäbe, der sich erlauben würde, von einer Mafiafamilie etwas zu stehlen. Und so feierten wir unbekümmert, bis wir abfahren wollten und dann doch feststellen mussten, dass ein Teil unseres Gepäcks verschwunden war.

Die wenigen unerfreulichen Momente waren schnell vergessen und so blieben mir viele schöne Erinnerungen an meine Zeit in Italien. Über Jahre sind wir die besten Freunde geblieben und ich habe Italien und seine Menschen wegen ihrer netten Art und ihrer herzliche Gastfreundlichkeit lieben und schätzen gelernt.

„Arrivederci allora e a presto." - Auf Wiedersehen und bis bald.

FIRMENGRÜNDUNG - A.S.I. GMBH

Verschiedene meiner Gebrauchs- und Patentanmeldungen erregten in der Fachwelt weltweites Interesse und ich wurde vor allem von ausländischen Firmen eingeladen, um ihre Betriebe zu modernisieren oder meine neuen Verfahren einzusetzen.

Der Grundgedanke meiner Verfahren war stets, die einheimischen Naturprodukte in die Fertigungsprozesse einzubinden. So wie ich bereits als 20-jähriger aus getrockneten und kleinzerfaserten Tannenzapfen zusammen mit einem Kunstharzanteil, einen idealen Pressstoff (Kunststoff) herstellte.

Meine Verfahren garantierten geringe Herstellungskosten, eine von ausländischen Zulieferern unabhängige Rohmaterialbeschaffung und gewährleisteten in meist landwirtschaftlich orientierten Dritte-Welt-Ländern langfristig gesicherte Arbeitsplätze.

In vielen Fällen fand ich bestätigt, dass sich mein humanitäres Engagement mit wirtschaftlichen Interessen verbinden ließ. So gründete ich in Deutschland die „A.S.I." (Arbeitsgemeinschaft Selbständiger Ingenieure) zur Findung und Verwertung neuer Technologien.

Die Hauptaufgabe der Gesellschaft sollte sein, vor allem in den Entwicklungsländern kleinere Industrieanlagen zu bauen, mit den von der A.S.I. entwickelten oder von mir eingebrachten Verfahren und das zu den niedrigsten Preisen.

Die Gesellschaft bekam Kreditzusagen von der EU aus Brüssel, von der Bank für Wiederaufbau, von der Bank für Gemeinwirtschaft in Konstanz und anderen Institutionen.

So besuchte ich die größten und wichtigsten Entwicklungsländer, um meine Verfahren und Patente vorzustellen und möglichst Aufträge für Produktionsanlagen zu bekommen.

Aber hier begannen die ersten Schwierigkeiten: Wer übernimmt die Reise- und Aufenthaltskosten in den potentiellen

Auftragsländern? Wer finanzierte die Projektentwicklung und so weiter.

Jeder schielte interessiert auf die A.S.I. und rieb sich bereits in der Vorfreude auf die Aufträge die Hände, nur die Worte Investition und Unkosten verursachten eine schlagartige Taubheit; und so blieb ich doch wieder allein und auf diesen Kosten sitzen.

Einige Geschichten, rund um die Projekte, möchte ich Ihnen gerne erzählen.

DIE ERSTE INDIENREISE

Ich hatte alle Vorbereitungen für einen Flug nach Indien getroffen. Ein Ansprechpartner sollte mir über Brüssel bekannt gegeben werden, die Information war aber bis zu meiner Abreise noch nicht eingetroffen. Im Flugzeug machte ich mir ein Namensschild ans Revers, da ich der Überzeugung war, dass ich wenigstens in Delhi am Flughafen abgeholt würde.

Lange stand ich mit meinem Koffer einsam und verlassen am Flughafen, nachdem alle Fluggäste meiner Maschine den Flughafen längst verlassen hatten.

Nach langem Warten schien mein hilflos umherirrender Blick, das Mitleid eines Inders zu erregen. Er kam auf mich zu und fragte mich auf deutsch, wohin ich wollte und ob ich überhaupt ein Hotel gebucht hätte. Natürlich hatte ich kein Hotel gebucht; und ich wusste im Moment buchstäblich nicht wohin ich mich wenden sollte. Er bot mir an, mich mit seinem Kleinwagen in ein Hotel zu bringen, und ich war froh, überhaupt irgendwo unterzukommen.

Im Hotel angekommen, lud ich meinen hilfsbereiten Begleiter in der Hotelbar zu einem Bier ein. Er war sehr freundlich und freute sich unverhohlen darüber, dass er einen „Landsmann“ getroffen hatte. Ich schaute ihn erstaunt an und auf seinem Gesicht öffnete sich ein ganzer Fächer von Lachfalten. Dann erfuhr ich, dass mein sympathischer Inder Jyoti hieß und er in Deutschland studiert hatte, ja sogar einen Doktortitel hatte er in Deutschland erworben. Außerdem erwähnte er, dass er vor einigen Tagen aus Deutschland gekommen war und momentan noch ohne Arbeit wäre.

Ich erzählte ihm in wenigen Worten von meiner Arbeit und meinen Zielen und mir gefiel, wie er mich über seine Hornbrille hinweg mit klugen Augen beobachtet. Er hatte eine rasche Auffassungsgabe und seine gezielten Fragen zeigten sein wachsendes Interesse an meiner Tätigkeit.

Wir machten noch in derselben Nacht einen Arbeitsvertrag,

als freier Mitarbeiter, so kam ich völlig überraschend zu einer wertvollen Firmenvertretung in Indien.

Als erstes fertigten wir eine Liste über die in Frage kommenden Firmen und Behörden, bei denen wir vorsprechen mussten. Die erste Woche war Delhi und die Umgebung unser Arbeitsgebiet, zumal beinahe alle für uns wichtigen Behörden in Delhi ihre Büros hatten. Wir brauchten erst einmal eine behördliche Genehmigung, damit wir in Indien überhaupt eine Fabrikanlage erstellen durften.

Mein neuer indischer Mitarbeiter hatte die ersten beiden Tage nur mit den zuständigen Stellen telefoniert. Schnell war uns klar, dass auch die einheimischen Götter die Bürokratie vor den Erfolg gesetzt hatten und wir hatten bald eine ganze Reihe zwingender Auflagen ermittelt: Für alle Anlagen mussten mindestens vierzig Prozent der Maschinen in Indien hergestellt werden. - Die Gesamtfinanzierung musste gesichert sein. - Der Nachweis, dass es sich um eine neue, speziell für Indien entwickelte Technologie handelte, musste erbracht werden. - Laborproben mussten vorgelegt werden, die in einem staatlich-indischen Labor noch einmal separat geprüft werden und mit einem staatlichen Stempel versehen sein mussten, die die Richtigkeit der deutschen Laborwerte bestätigten und so weiter.

Mit indischen Beamten zu verhandeln – Freunde, da muss man vorher seine Nerven dick mit Schmalz einfetten. Es blieb uns nichts übrig, als es mit der Geduld eines Esels zu ertragen. Man schickte uns von Dienststelle zu Dienststelle, treppauf, treppab und ein paar mal quer durch die Stadt.

Durch Jyotis Kontakt zu einem früheren Schulfreund, der nun im Ministerium saß, gelang es endlich einen persönlichen Gesprächstermin im Ministerium zu bekommen.

Als wir so gegen 8 Uhr, zum vereinbarten Termin am Ministerium ankamen, war die Warteschlange etwa 200 m lang. Es waren Leute dabei, die bereits den dritten Tag in der Schlange standen. Ich sagte Jyoti, dass ich mich nicht tagelang in eine Warteschlange stellen würde und forderte ihn auf, einfach mit mir an der Warteschlange vorbei ins Gebäude zu gehen.

Als wir am Haupttor ankamen, wurden wir ganz freundlich aber bestimmt von einem Wachsoldaten wieder zurück ans andere Ende der Schlange gebracht. Nach langem Wortwechsel zwischen Jyoti und dem Wachmann, ließ er sich endlich überzeugen, dass Jyoti ein Freund des Ministers war und so begleitete er uns bis vor dessen Türe. Auf sprachlichen Umwegen brachte Jyoti mir nun bei, dass wir erst einen „Freundschaftsbetrag" bereithalten mussten, bevor wir dem Minister unser Anliegen vortragen durften. Ich hatte nicht allzu viel Geld bei mir und so einigten wir uns erstmals zwei Hunderter bereitzuhalten.

Als wir nun im Ministerzimmer standen, saß der Minister mit dem Rücken zu uns in seinem Sessel und wurde von einem Untergebenen mit einem Palmwedel gekühlt. Der Herr Minister sprach mich sofort per du an, aber mit falschem Namen. Er verwechselte meine Firma, oder meinen Namen, mit einer anderen großen deutschen Firma. Als er sich umdrehte und meine 200 DM sah, meinte er lächelnd: »Bitte behalten Sie Ihre wahrscheinlich letzten Scheine für die Heimfahrt. Für die erhaltenen 50 000 DM bedanke ich mich und Ihr Antrag wird heute noch genehmigt.«

Ich steckte verschämt meine zwei Geldscheine in die Tasche.

Natürlich war mir klar, dass er uns mit einer anderen großen Firma verwechselt hatte. Ich schaute Jyoti unsicher an, aber er erklärte: »Soll man die Lüge akzeptieren oder die Wahrheit suchen? Eine Zwiebel hat sieben Schalen, sagt man, bis der eigentliche Kern kommt. Soll man die Lüge schälen bis der Kern der Wahrheit kommt? Tränen würde es einem in die Augen treiben. Meine Freunde, schleppt nicht jeder von uns ein Bündel Geheimnisse mit sich? Sollen wir alle unsere Säckchen ausleeren? Oh, Gott – die ganze Menschheit ließe sich unter diesem Müll begraben.«

Ich hütete mich also dem Herrn Minister zu widersprechen und so war bereits unsere erste Woche in Delhi von Erfolg gekrönt. Mit der Genehmigung zum Bau einer Anlage in der Tasche konnten wir nun mit den Interessenten verhandeln.

Die zweite Woche war eine reine Reisewoche. Wir hatten inzwischen drei Interessenten in der Region Delhi und zwei Interessenten in Bombay kontaktiert. Unser erfolgsversprechendster Interessent in Bombay war eine Gesellschaft von Leuten der Zuckerindustrie und des Handels. Mit ihnen vereinbarten wir einen Termin in Bombay.

Nach unserer Landung auf dem Flughafen Bombay mussten wir fast zwei Stunden auf ein Taxi warten. Inzwischen waren wir vollauf beschäftigt, unser Gepäck festzuhalten. An allen Ecken und Enden wurde an unseren Taschen und Koffern gezogen, geschoben und gezerrt. Über die Köpfe der uns umlagernden Inder hinweg sahen wir dicht zusammengekauert das konzentrierte Elend im Dreck der Straße liegen. Die Luft war heiß und zum Schneiden dick und angefüllt mit einem Gemisch aus fremdartigen Düften und den Ausdünstungen animalischer Exkremente.

Als wir endlich an dem vereinbarten Ort ankamen, sahen wir einen neuerbauten Bürokomplex mit sechs Stockwerken, alle aufs modernste ausgestattet und eingerichtet.

Wir meldeten uns beim Pförtner, der uns ein freies Büro im fünften Stockwerk zur Verfügung stellte. Alles in dem gut 50 m^2 großen Büro roch noch neu. Da gab es zwei Schreibtische aus edlen Hölzern, feinste Ledersessel und ein Telefon.

Wir bereiteten unsere Papiere und Muster für die Besprechung vor und warteten und warteten. Zwischendurch wurden wir mit belegten Brötchen und Tee verpflegt. Auch läutete das Telefon zweimal und man teilte uns jedes Mal mit ausschweifenden Entschuldigungen mit, dass sich unsere Besprechung um einige Stunden verschieben würde. Inzwischen war es spät abends geworden, aber es kam nur der Pförtner und teilte uns unter ständiger Verbeugung mit, dass heute leider, leider kein Gespräch stattfinden könnte und wir morgen das Büro wieder benützen könnten. Er zog sich mit einem so leidgeprüften Gesicht zurück, als hätte ihn die zu überbringende Nachricht persönlich zu tiefst erschüttert.

Nach dem Abendessen mieteten wir ein Taxi und Jyoti erklärte dem Taxifahrer, er sollte uns durch die Stadt fahren und uns Bombay mit all seinen positiven und negativen Seiten zeigen, vor allem den sagenumwobenen Maharadscha-Palast.

Am nächsten Tag kamen wir gegen 9 Uhr in „unserem" Büro an. Alles war, wie wir es verlassen hatten, es gab wieder Tee und Telefonnachrichten über die eventuelle, wahrscheinliche, kurz bevorstehende Ankunft unserer Gesprächspartner. Am frühen Nachmittag traf die Delegation endlich ein. Es waren Mitglieder der Regierung und Vertreter verschiedener Konzerne.

Unsere Präsentation wurde mit großem Interesse und sehr viel Sachverstand aufgenommen und innerhalb der nächsten drei Tage gelang uns der Abschluss eines Vorvertrages für den Bau einer Chemie- und Plattenanlage.

Der Vertrag gab uns drei Monate Zeit, für den von uns zu liefernden Anlagenteil eine Finanzierungsgarantie über sechzig Prozent des Gesamtvolumens vorzulegen. Mit diesem ersten Erfolg reisten wir am fünften Tag wieder ab.

Von Bombay führte unsere Reiseroute nach Puna. In einem klapprigen Flugzeug, das seine besten Jahre längst hinter sich hatte, schaukelten wir über eine tiefgrüne Landschaft. Jeder Windstoss schüttelte die Maschine und das Ächzen der Spannten und Nieten drang durch die aufgestaute Hitze im Passagierraum.

Ich kauerte in meinem Sitz, holte tief Luft und legte die Hände ineinander, und spürte, dass sie trotz der Wärme des Tages eiskalt waren. Obwohl mein Blut in den Adern rauschte, so dass ich meinte, man müsse dieses Geräusch hören, überzog kalter Schweiß meine Haut. Ich war überglücklich als der Pilot die Maschine wie einen plumpen Albatros auf die Landpiste setzte.

Puna war für mich ein kleines, grünes Paradies. In eine prachtvoll kultivierte Landschaft integrierten sich liebevoll gestaltete Wohnhäuser, neue Fabrikanlagen und eine sehr schönes, kleines Hotel „Blue Diamond" in dem wir wohnten.

Wir verhandelten mit zwei Maschinenfabrikanten, die den indischen Anteil für unsere vorgesehene Anlage fertigen sollten. Niemals zuvor, sind mir derartig anmutige, liebevolle und aufgeschlossene Menschen begegnet, wie hier. Wir fühlten uns wie im Urlaub.

Nach mehrtägigen Verhandlungen wollten wir nach Delhi zurückfliegen, aber leider gab es kein Flugzeug. Die Maschine, mit der wir aus Bombay hergeflogen waren, war inzwischen beim Landanflug auf Puna abgestürzt.

Als ich dies hörte, begrüßte ich Jyotis Vorschlag, mit einem „Wandertaxi" nach Delhi zu fahren, geradezu als himmlische Lösung, ohne auch nur zu ahnen, dass diese Fahrt eine der gefährlichsten in meinem Leben werden sollte.

Gegen 6 Uhr morgens kam das Taxi zum Hotel und die Überraschung war groß, als ich feststellte, dass der Wagen bereits mit drei Personen besetzt war. Unser Gepäck wurde auf dem Dach verstaut und wir zwängten uns zu den anderen Gästen in das Gefährt. Die indischen Wandertaxis sind Privattaxis die quer durch Indien fahren und unterwegs jeden Reisewilligen ein- oder aussteigen lassen. Der Zustand der meisten Fahrzeuge würde in Deutschland selbst einen Schrotthändler erschreckt zurückweichen lassen.

Ungefähr vier Stunden ging unsere Fahrt über Holperpisten. Der Staub hatte die Windschutzscheibe mit einer dicken Dreckschicht gepudert und unser Fahrer hing mit dem Oberkörper aus dem Seitenfenster. Er gestikulierte die ganze Zeit über mit einem Arm und zerrte und ruckte mit dem anderen an der ausgeschlagenen Lenkung. Zwischendurch hämmerte er in wildem Zorn mit den Fäusten auf das unschuldige Armaturenbrett ein. Er brüllte und fluchte dem in der Mitte der Straße entgegenkommenden Verkehr entgegen und ich hatte den Eindruck, dass er sich oft mehr auf den göttlichen Beistand verließ, als auf sein fahrerisches Können.

Plötzlich fiel das Gelände steil ab und aus den gelbroten

Staubwolken tauchten bizarre Schluchten auf. Unsere unbefestigte Staubpiste veränderte sich in eine schmale Schotterstraße, die in extrem gefährlichen Serpentinen den Berg hinab kletterte, auf der ein Gegenverkehr kaum möglich war. An manchen Stellen konnte man in den Schluchten ganze Autofriedhöfe von abgestürzten Lkws und Pkws sehen.

Die Hitze und Enge in unserem Taxi wurde unerträglich, obwohl alle noch funktionsfähigen Fenster offen waren. Da ich mich nach fünf Fahrstunden unbedingt erleichtern musste, bat ich den Fahrer anzuhalten. Der winkte jedoch nur ab und erklärte, dass er nur halten könne, wenn eine Parklücke kommen würde. Endlich konnten wir an einem alten Gebäude anhalten. Da das Gebäude direkt auf einem Felsvorsprung stand, war es nur möglich, das Gebäude als Toilette zu benutzen. Wir sahen schon bei der Anfahrt, dass mehrere Leute in dem alten Gebäude das gleiche machten. Das Gebäude war vollgestopft mit Mehlsäcken, um die herum die Leute standen und saßen. Es stank erbärmlich. Wer wohl dieses Mehl zum Verzehr bekam?

Als wir uns zum Weiterfahren fertig machten, mussten wir zuerst eine Herde Affen verscheuchen, die sich auf dem Autodach niedergelassen hatte. Im Autoinnern hatten wir eine Temperatur von über 50 Grad und waren froh, als wir endlich Delhi erreichten. Mühsam kletterte ich aus dem Gefährt und fühlte mich, als wäre ich in der Trommel einer eingeschalteten Wäscheschleuder gereist.

In Delhi erreichte uns die Faxnachricht, umgehend wieder nach Bombay zu kommen. Langsam zehrten die Strapazen und der Schlafmangel an meinen Nerven und ich versuchte mir gar nicht erst vorzustellen, wie ich das alles ohne meinen indischen Freund hätte bewältigen können.

Bereits am nächsten Tag saßen wir wieder in einem Flugzeug nach Bombay. Nach weiteren Besprechungen und Verhandlungen, die zwei Tage und Nächte dauerten, wurden wir im Mercedes unseres Verhandlungspartners zum Flughafen Bombay gebracht. Als wir kurz nach 20 Uhr am Flughafen ankamen, war unser Flugzeug bereits seit einer Stunde unterwegs nach Delhi. So saßen wir am Flughafen fest. Als ich Jyoti einen fragenden Blick zuwarf bemerkte ich, dass mein indischer Freund bleich wie die Wand war und Fieber hatte. Ich drängte darauf, ihn zu einem Arzt zu bringen, aber er winkte nur ab und erklärte, er würde mit dem nächsten Zug nach Delhi fahren.

Ich hatte in den letzten Wochen zu Jyoti eine herzliche Beziehung entwickelt. Ich schätzte seine liebenswürdige Art und seine Klugheit, die sich mit seinen indischen Wurzeln zu einer tiefen Weisheit vermischten. Nur ungern ließ ich ihn alleine reisen, aber ich hatte mich am nächsten Morgen mit einem Mitglied des Königshauses von Nepal am Flughafen verabredet. So saß ich allein auf meinem Koffer am Flughafen Bombay, beinahe ohne Geld und ohne Hotelzimmer.

Da ich meinen Koffer nicht aus den Augen lassen durfte, ging ich samt Gepäck zum Flughafen-Taxistand und sah, dass es hier nicht nur Taxis gab, sondern auch Pferdekutschen. Ich fragte einen der Kutscher nach dem Preis für eine Stadtrundfahrt. Der Kutscher lachte und sagte: »Wissen Sie, wie lange das dauert, wir kommen ja dann erst am Morgen wieder zurück.« Aber genau das wollte ich ja, mein Koffer war bei mir in Sicherheit und ich konnte bequem in der Kutsche schlafen. Ich setzte mich auf den weich gepolsterten Kutschensofa, meine Füße hoch auf dem Koffer und los ging es, quer durch die Stadt.

Wahrscheinlich bin ich sehr bald eingeschlafen und habe von den Sehenswürdigkeiten nichts mehr mitbekommen. Als ich aufwachte, stand die Kutsche am Strand und der Kutscher unterhielt sich mit mehreren jungen Leuten. Ich erschrak und dachte, da stimmt etwas nicht, die wollen dich überfallen. Aber nun kamen aus der Gruppe vier Mädchen zu mir, falteten die Hände und verbeugten sich vor mir. Eben wie es von anständigen Menschen in Indien gemacht wird. Sie hängten mir vier wunderbare, aus den schönsten Blumen gefertigte, Girlanden um den Hals und sangen ein Lied in einer mir unbekannten Sprache. Am Strand entlang brannten viele Lampions. Ich kam mir vor wie in einem wunderschönen Traum, aber es war Wirklichkeit.

Ich fragte den Kutscher, wie ich mich bedanken sollte. Aber er winkte ab und meinte, so schön ist Indien, auch wenn wir nicht reich an Gütern sind, so haben wir doch ein großes Herz.

Wir fuhren mit der Kutsche am Strand entlang zu einem kleinen Imbissstand. Ich drückte dem Kutscher ein paar Rupien in die Hand und er holte für die netten indischen Mädchen Hamburger oder so etwas ähnliches. Ich sah nur noch, mit welchem Heißhunger die Mädchen das Essen verschlangen und dann freundlich winkend im Dunkel der Nacht verschwanden.

Da es schon heller wurde, fuhren wir gemächlich, wie es nur in Indien sein kann, dem Flughafen entgegen. Der Kutscher hatte die Handflächen aneinander gepresst und verbeugte sich vor mir, bis ich im Flughafen verschwunden war.

Vom Flughafen Delhi fuhr ich sofort mit dem Taxi zu dem vereinbarten Hotel. Ich hatte gerade noch 20 Minuten Zeit, bis ich den Besuch empfangen musste. Rasch duschte ich und rasierte mir den Dreitagebart aus dem Gesicht. Dann zog ich mir frische Kleidung an und hastete in die Empfangshalle des Hotels. Dort sah ich nur einen Mann sitzen, der aber nicht aussah, als würde er zu einer Königsfamilie gehören, aber er machte einen sehr sympathischen Eindruck.

Ich näherte mich unsicher und fragte zögernd nach seinem Namen. Er stand sofort auf, umarmte mich und sagte: »Du bist bestimmt der Mike. Dein Freund Jyoti hat mir schon so viel von dir erzählt, dass es einfach war, dich zu erkennen.«

Ohne viele Worte kam der Kellner an unseren Tisch. Er verbeugte sich fast bis auf den Boden vor meinem Gesprächspartner und sagte: »Hoheit, Ihr Tisch im Lokal ist gedeckt, wie von Ihnen gewünscht.«

Wir kamen zum Tisch und ich sah als erstes, dass zwei Bierkrüge auf dem Tisch standen, gefüllt mit deutschem Bier und daneben türmten sich viele gute Dinge.

Nach dem Essen lud mich der königliche Abgesandte in ein wunderschönes, nicht gerade billiges, Lokal ein. Wir unterhielten uns sehr angeregt und verstanden uns prächtig. Er erklärte mir, dass seine Techniker und Chemiker mein Patent gelesen hätten und dem Königshaus den Vorschlag gemacht hätten, eine Anlage in Nepal zu erstellen.

Ich bekam eine Einladung nach Katmandu, um Land und Leute kennen zu lernen. Natürlich mit der Absicht, dass ich selbst für einige Jahre zum Aufbau und zu der Inbetriebnahme der Anlage in Nepal bleiben sollte.

WEIHNACHTEN IN INDIEN

Inzwischen war ich bereits mehrere Monate in Indien und eine Besprechung folgte der anderen. Selbst einige Tage vor Weihnachten musste ich noch Termine wahrnehmen und am 4. Januar war bereits eine weitere Reise vorgesehen. Und so beschloss ich, Weihnachten in meinem Hotel in Delhi zu verbringen.

Delhi liegt am Westufer des Yamuna-Flusses, am Rande der Ganges-Ebene. Hier leben um die 10 Millionen Menschen, aber am Heiligen Abend saß ich ziemlich alleine und etwas verloren an meinem Tisch, zum weihnachtlichen Abendessen.

Ich war noch beim Essen, da kamen zwei in bunte Tücher gekleidete Mönche aus Nepal, dem asiatischen Königreich im mittleren Himalaja, an meinen Tisch. Die Mönche wurden sofort, ohne Bestellung, von den Kellnern bedient und ohne Bezahlung wurden sie mit Essen und Getränken bewirtet. Die Mönche galten als heilige Männer, die über keinerlei irdische Güter oder Geld verfügten; und ich hatte schon mehrmals beobachtet, dass sogar noch die Ärmsten der Armen ihr karges Mahl mit ihnen teilten.

Ihr Leben für die Götter, ist von selbstauferlegten Entbehrungen, Ritualen und auch Kasteiungen geprägt. So gibt es nicht selten Asketen, die - wie der Amrid Giri Baba - seit Jahren unentwegt den Arm gen Himmel strecken. Durch die fehlende Bewegung hat sich seine Muskulatur fast vollständig zurückgebildet und so gleicht der Arm einem dürren Ast, dessen Ende in eine verkrüppelte Verzweigung mündet - seiner gekrümmten Hand.

Das Essen der heiligen Männer wurde von ständigen Gebeten begleitet. Geschmeidig glitten die abgegriffenen Perlen der Gebetsketten durch ihre dünnen, knöchrigen Finger. Jede Berührung mit den kleinen Kugeln, der Mala, entlockte ihren Lippen ein weiteres Mantra. Monoton, stoisch, ohne Variationen, ohne Veränderung der Tonlage, flüsterten sie unentwegt »Om nama shivaya, om nama shivaya...«, was so viel bedeutet wie „Dein Wille geschehe".

So ungewöhnlich die Religionsausübung der Bettelmönche auch für uns westliche Besucher sein mag, in Nepal und Indien werden sie von der Bevölkerung als Heilige verehrt. An diesem Weihnachtsabend durchbrach ihr Erscheinen die sterilen Atmosphäre des Speisesaals und ich spürte eine fremdartige Aura der Liebe, die mich berührte und mir Platz ließ, für meine weihnachtlichen Gefühle.

Am Weihnachtsmorgen regnete es in Strömen. Ich wechselte im Hotel 100 DM und bekam dafür ein dickes Bündel Rupien. Dann machte ich mich auf den Weg in die Stadt.

Delhi besteht aus zwei deutlich voneinander getrennten Teilen: Dem „neuen Delhi" und dem „alten", mit seinen typisch orientalischen Stadtvierteln, seinen Tempeln, Moscheen und Basaren.

In den engen Gassen von Old Delhi, drängelte sich die Armut, begleitet von Krankheiten und einem abschreckenden, den Regen durchdringenden Gestank. Rasch verfolgte mich eine aggressiv bettelnde Kinderschar. An Imbissständen kaufte ich für meine Rupien ganze Berge von Essen und die Kinder stürzten sich heißhungrig darauf. Es tat mir gut zu sehen, wie es den kleinen „Strolchen" schmeckte.

Die Weihnachtstage gaben mir endlich auch Gelegenheit die Sehenswürdigkeiten der Stadt zu besuchen. Obwohl ich mich über die ungewohnte Freizeit und auf Delhi freute, war diese Stadt der reinste Horror für mich. Hier muss jeder Einwohner gleich zwei Fahrzeuge haben und sie auch gleichzeitig benutzen.

New Delhi wurde von den britischen Architekten Lutyens und Sir Herbert Baker 1931 symmetrisch als Gartenstadt angelegt. Hier, zwischen den Gräbern und Mausoleen, Erinnerungsstätten edler Herrscher und Könige, ist Delhi so, wie es von den Briten gestaltet wurde: Breite Prachtstraßen, unberührte Gärten, weit verstreute Sommerhäuser im Kolonialstil und schattige Alleen. Der Rajpath Boulevard zieht sich vom Fuße des Indischen Tors am imposanten Parlamentsgebäude vorbei, schnurgerade bis hin zu den wichtigen Toren des Rahtrapati-Bhawan Palastes, der königlichen Residenz früherer Vizekönige und nun des Präsidenten von Indien.

Ich wanderte zu den Regierungsgebäuden und besuchte die Denkmäler früherer großer Inder, wie „der Gandhis, Nehru und Shastri", die vor 1965 Indien regierten. Mahatma Gandhi führte nach dem Ersten Weltkrieg (an dem indische Einheiten an der Seite Großbritannien teilnahmen) eine Bewegung des zivilen Ungehorsams an und rief zum Boykott britischer Waren auf. Dies führte dazu, dass das seit 1940 geteilt Indien und Pakistan, 1947 in die Selbständigkeit entlassen wurden. Um die Provinz Kaschmir gab es 1947-49 und 1965 Streitigkeiten zwischen Indien und Pakistan, die die beiden Länder tief spaltete.

AUFBAU UND INBETRIEBNAHME DER 1. FABRIKANLAGE IN INDIEN

Nachdem die Planung abgeschlossen war, wurde mit dem Bau der Fabrikhallen begonnen. Auf der Baustelle plagten sich viele Jammergestalten, aber besonders große Schwierigkeiten hatte ich, wenn ich hilflos mit ansehen musste, wie kleine Mädchen auf ihren zarten Köpfen die Steine und Zementkübel auf Leitern hoch schleppen mussten. Und gerade die Schwächsten wurden dort eingesetzt, wo der Teufel höchst persönlich die Arbeit zugeteilt hätte. Schnell merkte ich, dass ich mit meiner westlichen Humanität auf allgemeines Unverständnis stieß und befürchten musste, meine Autorität zu verlieren.

Die Arbeit erforderte meine ständige Anwesenheit und Kontrolle. Zuerst mussten die Fundamente für die schweren Hochdruckpressen gegossen werden, die in Einzelteile zerlegt aus Dänemark geliefert wurden. Die großen Fasermühlen kamen aus Italien und wurden als Sondermaschinen nach meinen Plänen gefertigt. Für die Streumaschinen kam der Lieferanteil aus Deutschland.

Nachdem die Produktionshallen fertig waren, wurde mit der Montage der Maschinen begonnen und alle Maschinen zu einer Fertigungsstraße zusammengestellt. Der Maschinenanteil der laut Vertrag in Indien hergestellt werden musste, bestand aus dem Kunststofftechnischen Anteil, wie Leimaufarbeitungs-Mischer und Leim-Dosierer. Leider konnte der in Indien hergestellte Maschinen-Anteil von mir nicht als produktionsfähig abgenommen werden. Ich musste die Maschinenteile teils neu in indischen Werkstätten nacharbeiten, oder sie mussten neu bestellt werden, um die Anlage überhaupt in Betriebszustand zu bringen. Selbstverständlich verzögerte sich damit auch die Fertigstellung der gesamten Anlage, und ebenso natürlich waren die zusätzlichen Kosten nicht in unserer Kalkulation vorgesehen. Der Versuch, die für die fehlerhafte Produktion zuständigen Inder mit den Mehrkosten zu belasten, stellte sich schnell als Zeitvergeudung heraus. Mir blieb nichts anderes übrig, als die Gelder aus meinem Privatguthaben, das ich noch in Südafrika aus dem Verkauf meines Hauses, und dem Verkauf meiner Chemieanlagen und Chemikalien hatte, zu bezahlen.

Da sich mit meiner neuen Technologie niemand auskannte, war ich beinahe täglich und oft Tag und Nacht auf der Baustelle. Es gab in dieser Gegend kein Trinkwasser, das ich als Europäer trinken konnte. Die indischen Arbeiter bemühten sich, mir Milch zu besorgen, die ich mit Zucker gesüßt trinken konnte. Auch das Essen, das es auf der Baustelle gab, war für mich meist ungenießbar und so hatte ich meist Magen - und Darmbeschwerden. Es gab keine Toiletten und alle Notdurft musste im freien Feld oder an der Wand einer Produktionshalle erledigt werden. In der Mittagszeit überstieg das Thermometer die 50 Grad-Markierung und nur die Mückenschwärme schienen diese Umstände unbeschadet zu überstehen.

So kam es, dass ich innerhalb von sieben Monaten fast 20 Kilo abnahm und immer wieder Fieber hatte. Kraftlos, hohlwangig mit tiefliegenden Augen quälte ich mich durch nicht enden wollende Arbeitstage. Irgendwann rebellierte mein Körper gegen meinen Willen und zwang mich zu einer „Auszeit". Ich beschloss ein oder zwei Wochen Urlaub in „Goa" zu machen.

AUSZEIT IN GOA

In einem Prospekt hatte ich gelesen „Nehmen Sie alle Ihre Sinne zusammen, lehnen Sie sich zurück, entspannen Sie sich beim Sonnenuntergang über dem arabischen Meer und lassen Sie sich verwöhnen.

Wie so oft in Indien, hatten auch bei der Entstehung Goas die Götter ihre Hände im Spiel.

Der Sage nach spannte der Gott Parashurama seinen Bogen, konzentrierte sich, und der Pfeil surrte rasend ins heftig tobende Arabische Meer. Da stieg Land aus den Fluten empor, ein grün-paradiesischer Küstenstreifen - Gomanta war geboren, das heutige Goa.

Wenn man dies wunderschöne Stück Erde mit seinem mild-feuchtwarmen Klima, den üppig mit Mango und Chashew-Nuß bewachsenen Hügeln und palmenumsäumten malerischen Stränden ansieht, welches sich zwischen den Western-Ghats und dem Arabischen Meer, an der mittleren Westküste der indischen Halbinsel, hineinschmiegt, neigt man als gläubiger Mensch in der Tat dazu, an das Werk einer schöpfend-übernatürlichen Kraft zu glauben.

Durch den Touristenstrom waren auch in der Sommerzeit die meisten brauchbaren Hotels ausgebucht. Da ich für eine Buchung auch keine Zeit und Gelegenheit hatte, reiste ich aufs Geratewohl nach Goa.

Der Flughafen Dabolim liegt gut 30 Kilometer außerhalb von Panjim, oder auch Panaji genannt, der Hauptstadt Goas.

Die Lage des Flughafens führte dazu, dass alle Fluggäste per Bus abgeholt wurden. Als der letzte Bus die letzten Fluggäste und ihr Gepäck eingeladen und verstaut hatten, stand nur noch mein Koffer auf dem Parkplatz. So nahm der Fahrer meinen Koffer und verwahrte diesen auf seinem Busdach und ich gehörte, ohne es zu planen, eben auch zu dieser Reisegruppe.

Um nach Panjim zu gelangen musste der Mandovi-River

überquert werden. Schon lange vor der Auffahrt auf die Brücke stauten sich die Autos und Busse zu einer endlosen Schlange. Der Busfahrer erzählte uns voller Stolz, dass diese Brücke vor vier Wochen erst dem Verkehr übergeben wurde und wegen ihrer Schönheit von den Touristen fotografiert würde und es deshalb viele Verkehrsstaus gäbe.

Als wir aber nach mehreren Stunden immer noch mit unserem Bus im Stau standen, gut zwei Kilometer von der „Sehenswürdigkeit" entfernt, ging der Busfahrer zu Fuß, um nachzusehen, warum die Fahrt nicht weiterging. Er kam aufgeregt zurück und teile uns schluchzend mit, dass diese schöne, neue, von der Europäischen Union finanzierte Brücke in der vergangenen Nacht eingestürzt wäre.

Die gewaltige, weit über den Fluss gespannte Brücke war nicht gerade ein Beispiel für indische Wertarbeit und der Konstruktionsfehler kostete mehreren Menschen das Leben.

Uns blieb keine Wahl, wir mussten aussteigen und mit unserem Gepäck zum Ufer gehen, da dort Boote zum Überqueren des Mandovi-River bereitstanden. Die Fährleute, deren Geschäft durch die Brücke überflüssig geworden war, schienen sich diebisch zu freuen.

Natürlich wollten alle als erste auf die andere Seite des Flusses und so verging die halbe Nacht, bis wir an der Reihe waren. Auf der anderen Seite des Flusses mussten die jeweiligen Fahrgäste ihre Gepäckstücke zusammensuchen. Wiederum dauerte es Stunden, da in der Dunkelheit das Gepäck mehrere Busse durcheinander geraten war. Als wir nach Stunden in einem auf der anderen Seite des Flusses bereitgestellten Bus einsteigen konnten, wurde festgestellt, dass mein Gepäck nicht dabei war und wahrscheinlich auf einen anderen Bus verladen wurde. Man versprach mir, sich sofort nach der Ankunft im Hotel darum zu kümmern.

Im Hotel angekommen, bezogen alle Gäste ihre im voraus gebuchten Zimmer und so blieb ich wieder alleine übrig und nun auch noch ohne Gepäck. Natürlich konnte niemand ahnen, dass ich eigentlich ein „Schwarzfahrer" war und weder einen Platz im Bus noch ein Hotelzimmer bestellt hatte.

Der Hoteldirektor bat mich händeringend um Nachsicht und Vergebung. Erstens wegen der Nachlässigkeit, dass mein Name nicht in der Buchungsliste vermerkt war, und daher auch kein Zimmer für mich zur Verfügung stand und zweitens auch noch wegen dem unverzeihlichen Verlust meines Gepäcks.

Zur Wiedergutmachung wurde mir eine ganze Villa angeboten, direkt am Meer mit Pool und wunderschönem Garten.

Zwei Tage später fand sich auch mein Gepäck wieder ein und so kam ich zu einem ungeplanten, wunderschönen Urlaub. Der Hotelboy brachte mir, wenn ich es wünschte, die Mahlzeiten ins Haus und so hatte ich auch noch Zeit, meine Schreibarbeiten für die Firma nebenbei zu machen.

Am zweiten Tag wurde ich beim Abendessen mit einem englischen Geschäftsmann bekannt. Ich erzählte ihm von meiner Arbeit in Indien und anderen Dritte-Welt-Ländern. Er lud mich ein, am nächsten Tag mit ihm in ein Nachbarhotel zum Essen zu gehen, da er sich dort mit Vertretern der Weltbank verabredet hätte. Als wir am nächsten Abend in dem Hotel ankamen, wurden mir zwei Damen vorgestellt, die sich auch bald als sehr kompetente Mitarbeiter der Weltbank erwiesen und für Projekte in Entwicklungsländern verantwortlich zeichneten.

Ich erklärte meine Projekte und besonders die Tatsache, dass ich in verschiedenen Ländern auf erfolgreiche Produktionsanlagen verweisen konnte, wurde sehr interessiert aufgenommen. Noch in der Nacht telefonierte ich mit meinem indischen Freund und schon am nächsten Tag kam Jyoti nach Goa und wir konnten Produktionsmuster unserer Anlage in Indien vorlegen.

Die Damen versprachen, bereits am nächsten Abend eine positive Nachricht aus den Staaten in den Händen zu halten und uns Finanzierungsanträge für die Teil-Finanzierung durch die Weltbank mitzubringen.

Bei unserem gemeinsamen Abendessen im Garten des Hotels las ich in der Speisekarte: Eine kulinarische Entdeckungsreise durch Goa lohnt sich. So gut wie alles dreht sich hier ums Essen! Die Küche von Goa ist einfach ganz anders. Vindaloo aus Schweinefleisch, Geflügel Zacuti und Fischcurrie, Fisch Rechiad, gefüllte Makrelen, gebratene Garnelen, Sorpotel, und Bafaad sind als einige der köstlichen Speisen zu nennen.

Ich wählte Fisch Rechiad, der mir die ganze Planung über den Haufen warf. Noch in dieser Nacht bekam ich starke Leibschmerzen und Fieber und konnte zwei Tage lang das Bett nicht mehr verlassen. Als ich mich zwei Tagen später nach den Damen erkundigte, wurde ich darüber informiert, dass sie bereits wieder abgereist waren. Damit war für mich eine große Chance verpasst.

Die restlichen Urlaubstage habe ich gemeinsam mit Jyoti auf Goa verbracht. Wir mieteten uns zwei alte Fahrräder, die genau so teuer waren wie ein Taxi, aber wir wollten das Land etwas erkunden.

Panjim ist keine hektische Metropole, sondern die europäisch-südländische Atmosphäre ist noch präsent, vermischt mit dem Flair des tropischen Indien. Für erholungssuchende Europäer und Auswanderer ist Goa ein beliebtes Ziel. Wenn im Europa graue Winterzeit herrscht, dann ist das Klima in Goa am Besten: Sonnig, warm und viele Palmen. Die Sonne scheint den ganzen Tag und die Strände sind nicht überlaufen. Wenn man will, kann man den nur 3 700 Quadratkilometer großen Staat in kurzen Tagesausflügen erkunden. Die historischen Sehenswürdigkeiten aus der Zeit der portugiesischen Kolonialherren sind interessante Zeitzeugen.

Aber auch die negativen Seiten fielen uns auf. An manchen Stränden trafen wir sehr viele Rauschgiftsüchtige und Aussteiger, die einfach die Nase voll hatten von Europa und vor allem von Deutschland. Oft hörten wir Beschwerden, dass die deutsche Bürokratie die Menschen, vor allem die kleineren Betriebe und Geschäftsleute in Verordnungen und Paragraphen ersticken würde; und jeden Erfolg aus Deutschland vertreiben würde.

Ein Kölner, ehemaliger Arbeitgeber für über zweihundert Menschen, schimpfte lauthals: »Befehl, Bestimmung, Verfügung, Verordnung, Paragraph und müssen, sollen, gehorchen sind Vokabeln die ich verabscheue. - Ich hasse sie wie die Pestilenz! Ich bin der Herr meines eigenen Lebens, und das geht die deutsche Bürokratie einen Scheißdreck an.

Ich unterwerfe mich den Naturgesetzen, gliedere mich in die Ordnung der Ethik ein, und beuge mich widerwillig dem Schicksal - mehr ist nicht.

Jeden, der Zwang ausüben will, jeden dieser beamteten Schmarotzer an der Volkswirtschaft, könnte ich umbringen, wie meinen schlimmsten Feind.«

Insgesamt habe ich mich während der Tage in Goa wieder etwas erholt. Leider mussten wir früher als vorgesehen nach Delhi zurück, da ein direkter Ansturm von Anfragen aus aller Welt eintraf und beantwortet werden musste.

Besonders interessant war für uns eine Anfrage aus Brasilien für die Lieferung einer Chemieanlage mit Rezepturen. Eine Anfrage aus China verlangte ein Angebot für zehn Anlagen. Ein Angebot für eine Chemieanlage nach Nepal musste ausgearbeitet werden und Anfragen aus Russland und aus Taschkent, in Usbekistan mussten bearbeitet werden.

In unserer indischen, bereits im Aufbau befindlichen Anlage, gab es weitere Schwierigkeiten mit den im Land hergestellten Teilen. Es war notwendig, dass ich weiteres Geld aus meiner früheren Tätigkeit in Südafrika investierte, da sonst die Anlage nicht in Produktion gehen konnte.

Die Umstände zwangen mich, in Indien unter katastrophalen Bedingungen weiterzumachen. Nach weiteren Monaten unter schlimmsten hygienischen Bedingungen, ohne Trinkwasser und ohne für mich geeignetes Essen, nahm ich rapide ab und verlor in kurzer Zeit weitere zwölf Kilo.

Nach langer Zeit auf der Baustelle im Busch wurde ich von einem englischen Arzt, einem Studienfreund von Jyoti, nach Delhi zum Abendessen eingeladen.

Das Essen musste ich mit Gewalt zu mir nehmen und ich bat meine Gastgeber, mich doch ins Hotel zurück zu bringen.

In der Nacht lag ich in Schweiß gebadet im Bett. Ich träumte und fieberte, ohne noch etwas wahrzunehmen. In einem wachen Moment erinnerte ich mich an die Visitenkarte des englischen Arztes, der mich Stunden vorher zum Abendessen eingeladen hatte. Ich rief ihn an und bat um Hilfe.

Als er mich sah, ich lag inzwischen in meinem Bett wie in einer Badewanne und der Schweiß rann aus allen Poren, untersuchte er mich und stellte dann lakonisch fest, »Das ist Malaria in schon fortgeschrittenem Zustand. Die Erkrankung beginnt häufig schlagartig mit Kopf- und Rückenschmerzen, Frösteln und Hitzegefühl und vor allem deutlichem Fieber. Der Beginn einer Malariaerkrankung ist also kaum von dem Beschwerdebild einer Grippe zu unterscheiden. Erst die rhythmischen Fieberanfälle, die je nach Erreger von unterschiedlicher Dauer sind, geben einen Hinweis auf die Art der Erkrankung.«

Ich berichtete ihm von meinen Lebensumständen auf der Baustelle und meinen Fieberschüben. Jyotis Studienfreund nickte nur dazu und erklärte: »Die Übertragung der Malaria erfolgt über einen Stich der Anophelesmücke und die Inkubationszeit beträgt eine bis mehrere Wochen.«

Ich hatte keinen Sinn für seinen wissenschaftlichen Vortrag. Mein verstörter Blick schien ihn aber nicht zu beeindrucken und er fuhr in seiner Erklärung fort: »Die Malaria, auch Sumpf- oder Wechselfieber genannt, ist die häufigste Tropenkrankheit, an der nach Schätzungen der WHO jährlich weltweit mehr als 300 Millionen Menschen erkranken und 1 Millionen Menschen sterben pro Jahr. Neunzig Prozent der Todesfälle treten in Afrika auf.«

Ich überlegte noch, ob er mich mit dem Hinweis auf Afrika beruhigen wollte, da erklärte er: »Alles spricht dafür, dass Sie sich die gefährlichste Form, nämlich die Malaria „tropica“ eingefangen haben, die unbehandelt in 30 Prozent der Fälle zum Tode führt.«

Ich lag da und flehte innerlich, dass er endlich mit der rettenden Behandlung beginnen würde.

»Übrigens...« fuhr der Arzt fort, »...sind Sie in bester Gesellschaft, denn das wohl prominenteste Opfer der Weltgeschichte ist Alexander der Große, der im Jahre 323 v. Chr. im Alter von 33 Jahren in Babylon sehr wahrscheinlich an der Malaria verstarb.«

Ich wusste nicht so recht, ob ich lachen oder weinen sollte, aber Trost fand ich in der fatalistischen Aussage nicht.

Es vergingen Tage, bis ich überhaupt wieder klar denken konnte, das Fieber wollte einfach nicht zurück gehen. Ich wurde von dem englischen Mediziner mit Medikamenten versorgt und blieb im Hotel. Hier konnte auch Jyoti bei mir sein, da wir ununterbrochen Anrufe von der Baustelle bekamen.

Nach zwei Wochen ließ sich eine Rückkehr zur Baustelle nicht mehr aufschieben. Eine weitere Verzögerung hätte dazu geführt, dass die Arbeiten ganz eingestellt worden wären.

Es wurde mir versprochen, dass ich in der Nähe des Baugeländes ein Zimmer mit Aircondition und Kühlschrank erhalten sollte und auch ein etwas besseres Essen und sauberes Wasser sollte dort für mich bereitstehen. - Eine solche Unterkunft wäre mir laut Vertrag von Anfang an zugestanden, da allen Beteiligten klar war, dass ein Mitteleuropäer nicht bei durchschnittlich 50 Grad und ohne Trinkwasser leben konnte.

Ich kam total erschöpft in dem vorbereiteten Zimmer an und tatsächlich, da gab es eine Dusche mit Toilette, sogar ein Kühlschrank war vorhanden. Aber leider gab es keinen Strom und auch kein Wasser, beides sollte in den nächsten Tagen kommen. Aber woher? Solange ich dort war, kam noch der Strom, aber zum Wasser hat es nicht gereicht.

KRANKHEIT UND HILFE

Endlich war die Anlage in Indien fertiggestellt und man begann mit der Produktion. Ich war am Ende meiner Kräfte und musste schnellstens nach Deutschland, da sich mein Zustand nicht wesentlich verbessert hatte. Vor allem kamen die Fieberanfälle immer häufiger.

Kaum war ich in Deutschland, bekam ich über Nacht einen Schlaganfall mit einer rechtseitigen Lähmung der Gesichtshälfte und dem Arm. Ich konnte den Mund nicht mehr öffnen und mit dem rechten Auge auch nicht mehr sehen.

Man brachte mich auf dem schnellsten Wege nach Tübingen in die Universitätsklinik, und viele Ärzte und Schwestern halfen mir sehr engagiert über die ersten schlimmen Wochen hinweg.

Noch lange danach war ich auf eine private Hilfeleistung angewiesen. Wie ein Kind musste ich das Sprechen neu erlernen.

Renate, meine frühere Sekretärin bei der Firma A.S.I., wurde mir in den langen Monaten der Genesung zu einer unentbehrlichen Stütze.

Bei täglichen Spaziergängen half sie mir, die Sprache Wort für Wort wieder zu erlernen. Auch die Beweglichkeit meines gelähmten rechten Armes konnten wir durch ständiges Training verbessern.

Da mein rechtes Auge immer noch geschlossen war und das Lesen der Geschäftspost unmöglich war, half sie mir laufend mit heilenden Umschläge und unterstütze mich auch, als ich langsam wieder meine Büroarbeit aufnahm.

Trotz der Krankheit, machte mich Renates selbstlose Hilfe sehr glücklich. Es schien mir, als glitte ich in eine neue Phase meines Lebens, wo ich andere Luft atmete und mir die banalsten Dinge so vorkamen, als seien sie gerade erst erschaffen worden.

Auch, als ich später noch eine schwere Zuckererkrankung bekam und ich mir von nun an täglich dreimal Insulin spritzen musste, blieb sie unerschütterlich an meiner Seite, half mir und machte mir Mut.

Bei ihr hatte ich eine Heimat gefunden. Ein kleines Paradies und viele unendlich glückliche Augenblicke am Rande der Zeit.

DIE EINLADUNG NACH TASCHKENT - USBEKISTAN

Langsam verbesserte sich mein Gesundheitszustand. Inzwischen waren zwei weitere Projekte spruchreif geworden und so musste ich dringend nach Taschkent in Usbekistan reisen. Die Regierung hatte sich für meine neue Technologie interessiert und bat mich für eine Woche nach Taschkent zu kommen. Da ich umgehend abreisen musste, war es nicht mehr möglich, etwas Schriftliches über die bei diesem Besuch entstehenden Kosten zu vereinbaren.

Im Norden von Pakistan, zwischen China und Afghanistan liegt die Republik Usbekistan. Taschkent, die Hauptstadt, ist die größte Stadt in Zentralasien mit einer multikulturellen Einwohnerschaft von über 2 Millionen Menschen.

Usbekistan hat eine Fläche von 447 400 Quadratkilometer und ist damit etwa ein Drittel größer als Deutschland. Taschkent ist eine Wüstenstadt an der legendären „Seidenstraße", die China mit Europa für 13. Jahrhunderte verband und liegt in einer Oase nahe des Flusses Chirchiq in einer Baumwoll- und Obstanbauregion.

Die Stadt wurde vermutlich im 1. Jahrhundert v. Chr. gegründet. Im 13. Jahrhundert von Dschingis Khan erobert, blieb sie bis ins 14. Jahrhundert unter mongolischer Herrschaft. Lange Zeit stand Taschkent unter russischer bzw. sowjetischer Kontrolle. Heute ist die Stadt ein wichtiges Transport- und Industriezentrum, in dem Chemikalien, Maschinen, Tabakwaren, Möbel, Baumwoll- und Seidentextilien hergestellt werden.

Taschkent ist Zentrum der usbekischen Kultur, beherbergt mehrere große Bibliotheken und ist Sitz der Usbekischen Akademie der Wissenschaften.

1966 wurde ein Großteil der Stadt während eines Erdbebens zerstört und unter sowjetischer Aufsicht wieder aufgebaut. Von der Altstadt blieben nur wenige Gebäude erhalten, darunter einige Häuser aus dem 15. und 16. Jahrhundert.

Mein Flug nach Taschkent ging von Frankfurt über St. Petersburg.

Über Petersburg hatte ich gelesen: Die Stadt ist das Venedig des Nordens. Die auf 44 Inseln im Mündungsgebiet der Newa erbaute Stadt, mit ihren barocken Palästen, den breiten Boulevards, den glitzernden Kanälen und 540 Brücken, gilt als die schönste Stadt Russlands.

Anders als Moskau, ist Petersburg nicht über Jahrhunderte gewachsen, sondern wurde im 17. Jahrhundert als Gesamtkunstwerk auf dem Reißbrett entworfen. Peter der Große wollte mit einer neuen Hauptstadt die Welt beeindrucken. Ein Hafen an der Ostsee sollte Russland näher an den fortschrittlicheren Westen heranbringen. Tausende von Leibeigenen bauten die Stadt in wenigen Jahrzehnten.

Ich hätte St. Petersburg gerne besichtigt, aber ich durfte den Flughafen nicht verlassen und wurde freundlich, aber bestimmt zu dem Flugzeug nach Usbekistan eskortiert. In der Maschine traute ich meinen Augen nicht. Der Flieger war bereits mit Kisten und Koffern vollgestopft und es gab nur noch einige wenige Sitzplätze auf ungehobelten Holzkisten oder bereits ausgeschlachteten Sitzen.

Schon in Landeanflug auf Taschkent kann man sehen, was für eine große Stadt Taschkent ist. Man sieht ein Lichtermeer das scheinbar nicht enden will. So ging es mir jedenfalls durch den Kopf.

Vom Flughafen in Taschkent wurde ich von Herren der Regierung abgeholt und direkt zum Staatspräsidenten gebracht. Nach einer kurzen, aber herzlichen Begrüßung im Palast der Regierung bekam ich einigen Informationen, einen Fahrer mit Auto und eine ganz reizende Dolmetscherin.

Wir fuhren, nicht wie erwartet zu einem Hotel, sondern in eine Privatwohnung. Während der Fahrt zu meiner Unterkunft fielen mir schon die sehr breiten Straßen auf, die man in dieser Form in Deutschland nicht kennt. In den nächsten Tagen, merkte ich aber warum. Der Autoverkehr ist in Taschkent noch größer und hektischer, als ich ihn jemals in

Deutschland gesehen habe. Und wer sich über die Fahrweise deutscher Taxifahrer beschwert, der sollte unbedingt mal einige Taxifahrten in Taschkent unternehmen. Ich habe als Beifahrer einige Male geschluckt, und mich erst nach ein paar Tagen daran gewöhnt.

Die vielen Fontänen und Grünanlagen die Taschkent durchziehen machen sie zu einer grünen Stadt, und sie wird auch „Stadt der tausend Brunnen" genannt. In den großzügigen Parkanlagen findet man viele kleine Cafes und Lokale.

Sehr froh war ich über die Privatunterkunft. Man darf zwar nicht den Luxus eines 4 Sterne Hotels erwarten, aber ich hatte eine gut ausgestattete Wohnung, deren Größe kaum eine Ferienwohnung woanders hat und ich wurde bestens umsorgt. Und das wichtigste in meinen Augen war, dass ich nicht inmitten von Touristen aus aller Welt in einem Hotel wohnen musste. Auf diese Art bekam ich in den wenigen Tagen meines Aufenthaltes viel mehr vom Leben der Bevölkerung mit. Allerdings empfehlen sich ein paar Russischkenntnisse, oder wie in meinem Falle, eine Begleiterin die Russisch spricht.

Am zweiten Tag versammelte sich vor meiner Wohnung ein Aufgebot von mehreren Pkws mit Blaulicht, auch ein Aufnahmewagen des Fernsehens war dabei. Als der Präsident dann persönlich eintraf, fuhr die Kolonne auf riesige, unübersehbare Baumwollfelder.

Wir wurden unterwegs immer wieder von Stammesfürsten eingeladen, wobei viel, viel Wodka floss. Wir tranken den Schnaps aus Kartoffeln und Zuckerrüben – ein höllisches Gesöff, nach dem man stundenlang verblöden konnte. Dazu gab es meist die sogenannte „sibirische Suppe" triefend von fettem Fleisch, das in die Suppe geschnitten war und die Magenwände schmierte.

Ob wir am Tisch saßen beim Wodka und Essen, oder auf den Baumwollfeldern, die Kamera war immer dabei. Auf den Feldern hatte ich nur Frauen und Kinder bei der Arbeit gesehen und beim Essen und Trinken nur Männer. - Also, ein Männerparadies?

Ich wurde mit Einladungen überschüttet. Einmal ging ich sogar mit dem Staatspräsidenten in eine usbekische Sauna. Die Arbeit lief fast nebenbei und wurde meist zügig, aber konzentriert, zwischen dem Essen und dem nächsten Wodka erledigt.

Am vorletzten Tag meines Besuches wurde abends ein Fest veranstaltet, scheinbar nur für mich, dem deutschen Gast. Eine tolle Kapelle spielte zum Tanz und plötzlich sprangen alle von ihren Bänken hoch - es kam der Präsident persönlich.

Der Präsident hielt eine kurze Ansprache, die für mich von der Dolmetscherin übersetzt wurde. Unter stehendem Beifall wurde ich aufs Podium gerufen und der Staatspräsident überreichte mir einen Orden, mit dem Hinweis, dass vor mir nur der ostdeutsche Regierungschef Erich Honecker diese Auszeichnung erhalten hätte. Aber besonders betonte er, dass ich mich uneigennützig und „kostenlos" der neuen Regierung von Usbekistan zur Verfügung gestellt hätte und zum Aufbau des Staates beigetragen hätte.

Also, statt Geld - einen russischen Orden.

ZURÜCK NACH INDIEN MIT DEM MASCHINENHERSTELLER

Von Usbekistan zurück, war der nächste Flug bereits organisiert, wieder nach Indien. Der Grund für eine schnelle Reise war, dass ausgerechnet die deutschen Maschinen streikten.

Ich wollte nicht ohne den Hersteller der Maschinen nach Indien. So drängte ich darauf, dass der Chef der deutschen Maschinenfabrik mit auf die Reise ging. Er war noch nie im außereuropäischen Ausland und entsprechend aufgeregt. Dazu kam, dass wir ununterbrochen über die Probleme mit den deutschen Maschinen grübelten.

Unsere Gedanken waren bereits in Indien, aber als wir dort ankamen, mussten wir feststellen, dass der Reisepass meines Begleiters noch in Deutschland war. Er hatte ihn bei der Kontrolle im Abflugflughafen einfach vergessen und aufgefallen war es ihm erst kurz vor der Passkontrolle in Indien am Flughafen.

Da er kein Englisch sprach, riet ich ihm, sich hinter mich zu stellen. Ich beabsichtigte den indischen Beamten zu erklären, dass er zu mir gehören würde und wir einen dringenden Termin hätten. Aber alle Erklärungen und Beteuerungen halfen nichts, er musste warten, bis alle Fluggäste den Flughafen verlassen hatten.

Ohne ein Papierchen mit Stempeln und Unterschriften ist der Mensch eine Null. Weniger als ein Rindvieh auf der Weide, denn er gehört zu Nichts und Niemand. Er ist wie gar nicht geboren. Der aufrechte Gang macht noch keinen Menschen, einen Ausweis muss man bei sich tragen, denn immer trifft man einen, der seine Mitmenschen kontrollieren will.

Es war bereits morgens gegen vier Uhr, als wir endlich Gelegenheit bekamen mit der Flughafenleitung zu sprechen. Nach langen Stunden und Rücksprache mit der Botschaft und einem Telefonat nach Deutschland konnten wir endlich gehen. Unser indischer Kollege, der gekommen war um uns abzuholen, wartete die vielen Stunden in stoischer Gelassenheit vor dem Flughafen auf uns.

Den Hotelschlaf mussten wir vergessen und mit dem PKW sofort, fast vierhundert Kilometer weiter, zum Kunden fahren. In der Produktionsfirma angekommen, musste dann auch mein deutscher Maschinenlieferant schnell einsehen, dass wichtige Teile seiner Maschinen Fehlkonstruktionen waren. Wir arbeiteten Tag und Nacht durch, da ganze Teile in Indien neu hergestellt werden mussten, um die Anlage produktionsreif zu machen.

Endlich konnten wir die Anlage voll funktionsfähig an den indischen Besteller übergeben und ich konnte mich neuen Aufgaben zuwenden.

Schon lange Zeit beschäftigte ich mich sehr viel mit der Meerestechnologie. Ich entwickelte eine schwimmende Fabrikationsanlage zur Herstellung von Futtermittel aus Pellets, die aus Meeresalgen gewonnen werden sollten. Wir waren in Verbindung mit Brasilien und hatten bereits gute Ergebnisse aus den im Amazonas gesammelten Algen, die zu Futtermittel verarbeitet wurden. Besonders hoch ist die Pflanzenvielfalt im Amazonasbecken mit fast unerschöpflichen natürlichen Ressourcen.

Der Amazonas gilt als Fluss der Flüsse, warum, wird schnell deutlich, wenn man sich seine Größe bewusst macht: Sein Volumen entspricht dem Hundertfachen des Rheins. Misst man die Länge des Amazonas bis zu seiner entferntesten Quelle, hoch in den Anden, erreicht er unglaubliche 6 788 km. Über eine Strecke von gut 2 000 km ist der Hauptlauf durchschnittlich fünf Kilometer breit, aber bei Hochwasser zieht sich der Fluss auf bis zu 120 Kilometer auseinander.

Ich arbeitete mit einer Schweizer Maschinenbaufirma zusammen, von deren Spezialisten hatte ich die Zusage zum Bau der von mir konzipierten Spezialmaschinen und auch deutsche Unternehmen zeigten starkes Interesse.

Es musste ein Tiefseekran auf einem Schiff aufgebaut werden, der in der Lage sein sollte, in tiefen Gewässern die Algen zu mähen und zu heben. Danach sollten die Algen auf dem Schiff getrocknet und zerkleinert und der auch auf dem Schiff montierten Pelletiermaschine zugeführt werden. Die Pellets sollten danach automatisch von der Pelletiermaschine in Säcke verpackt und auf Frachtschiffe verladen werden.

Nachdem wir die ersten Ergebnisse und Muster nach Brasilien geschickt hatten, bekamen wir umgehend einen Besuch aus Brasilien. Schnell wurden wir uns einig und gestalteten die Verträge für die Anwendung meines Verfahrens und die Lieferung der Maschinen. Für den größten Kostenanteil lag den Brasilianern bereits eine Finanzierungszusage in Millionenhöhe vor und für die Restfinanzierung wurde mir eine Zusage der deutschen Behörde für Entwicklungshilfe in Aussicht gestellt.

Als die brasilianische Regierung vom erforderlichen Mitwirken der deutschen Behörden erfuhr, verlor sich die Begeisterung rasch. Offiziell wurde ich gewarnt, dass Anträge in Deutschland zu lange Bearbeitungszeiten hätten, unsinnige Kosten und Steuergelder verschlingen würden und wie mehrfach geschehen, inzwischen ausländische Firmen die Technologie aufgreifen und die Maschinen liefern würden.

Ich schob diese Bedenken beiseite. Und tatsächlich wurde mir in den folgenden Monaten von Staatssekretären und Beamten beteuert, wie plausibel mein Konzept wäre, wie hervorragend das Projekt entwickelt sei und alle versicherten mir, dass sie vom Erfolg überzeugt wären. Aber zuständig? Nein, zuständig, oder gar verantwortlich fühlte sich keiner.

Wir wurden erstickt in Anträgen und Formularen. Ich kam mir vor wie Don Quijote der vergeblich gegen beamtete Windmühlen ankämpfte. Ich gewöhnte mich an einen Schriftwechsel, der von Begriffen wimmelte wie: wegen Sachbearbeiterwechsel, krankheitsbedingt, wegen lehrgangsbedingter Abwesenheit, erst nach dem Kuraufenthalt, wegen Formularänderung, wegen vorzeitigem Ruhestand, Neuordnung der Zuständigkeiten, Überarbeitung der Richtlinien, wegen urlaubsbedingter Abwesenheit oder wegen fehlender Entscheidungsbefugnis.

Nach zwei Jahren gab ich den Versuch wegen fehlender Kompetenz der zuständigen Beamten auf.

Inzwischen hatte eine Schweizer Firma das von mir entwickelte Verfahren aufgegriffen und verfeinert. Heute liefern die Schweizer derartige Anlagen in die ganze Welt. Damit war meine mehrjährige Arbeit vergebens, obwohl meine Idee und Technologie nicht umsonst waren.

TECHNOLOGIE ZUR FRUCHTBARMACHUNG UND HUMUSZIERUNG VON SANDBÖDEN

Bereits kurz nach dem zweiten Weltkrieg fing ich an, mir Gedanken über die Gewinnung von fruchtbarem Boden zu machen, der in Busch- und Wüstenregionen ausgepflanzt werden kann.

Meine Idee war, in einem Verschäumungsverfahren Wasser zu speichern, das langsam mit Stickstoff an die Pflanzen abgegeben wird.

Das Verfahren wurde erstmals in Israel angewandt, mit großem Erfolg. Gut 20 000 m^2 des Materials wurden etwa 20 cm unter der Sandoberfläche ausgeschäumt und bepflanzt. - Der unter dem Sand befindliche Schaum aus Stickstoff-Härter und Wasser zerfällt langsam und gibt dabei das in Schaumzellen befindliche Wasser frei, wodurch die Pflanzen ihre Nahrung finden. Im Laufe von zwei bis drei Jahren bildet sich bereits der erste Humus und weitere Anpflanzungen können folgen.

Früher bedeckten viele Wälder das heutige Israel, doch speziell zur Römerzeit wurden – wie im übrigen Mittelmeerraum auch - fast alle vernichtet durch die großen Baumaßnahmen und dem Schiffsbau der Römer.

Bei der Gründung des Staates Israel gab es in Israel nur ca. 4,5 Millionen Bäume; heute sind es fast 200 Millionen, die gegen alle Widerstände (Trockenheit, Krankheiten, Brandstiftung) mit unermüdlichem Einsatz gepflanzt wurden. Dies ist das Werk von Hunderttausenden von Spendern und der Stiftung Keren Kayemeth LeIsrael, die für allen Boden in Israel zuständig ist. Die Aufforstung soll einerseits dem Boden mehr Halt geben und andererseits hofft man längerfristig das Mikroklima zu verbessern. Zusätzlich werden in den neuen Wäldern Wanderwege, Spiel – und Picknickplätze angelegt, die als Naherholungsgebiete für die Bevölkerung dienen.

Das zweite große Projekt, dem sich Israel verschrieben hat, ist die Begrünung und Nutzung der Wüste. Mit modernster

Technologie, wie dem von mir entwickelten Verschäumungsverfahren, aber auch uralten nabatäischen Techniken wird Regenwasser gesammelt, gespeichert und für Pflanzen gebraucht. So wird langsam die Wüste zurückgedrängt und auch hier das Mikroklima verändert.

Heute wird Israel von interessierten Fachleuten aus Ländern mit ähnlichen Problemen um Anleitung und Unterstützung gebeten.

DIE FAST UNGLAUBLICHE GESCHICHTE IN NIGERIA

Da wir in Südafrika und Israel gute Ergebnisse hatten und dies auch in Fachzeitschriften veröffentlicht wurde, bekam ich eines Tages eine Einladung nach Kenia, um in Nairobi einen Vortrag über diese Technologie zu halten.

Kenias Hauptstadt Nairobi, entstand, als die Eisenbahnstrecke von Mombasa nach Port Florence - dem heutigen Kisumu - gebaut wurde. Heute ist die Stadt eine lebendige und wichtige Wirtschaftsmetropole in Ost Afrika.

Nairobi ist für mich das Tor zum afrikanischen Kontinent, der sich von hier aus dem europäischen Besucher in all seinen Geheimnissen und seiner Fremdartigkeit erschließt.

In Nairobi gibt es mehr zu sehen und zu erfahren, als man glauben möchte. Tagsüber kann man kurze Distanzen innerhalb der Stadt mit Matatus, kleinen Minibussen, zurücklegen. Sie sind meistens überfüllt, gebaut für neun Personen transportieren sie meist zwölf oder mehr Leute. Die Matatufahrer sind bekannt für ihren gefährlichen Fahrstil, wenn man Abenteuer sucht und sich nicht vor sehr nahem Kontakt zur einheimischen Bevölkerung scheut, sollte man eine Fahrt mit einem Matatu wagen. Die Preise betragen nur einen Bruchteil der Taxikosten.

Christliche Massenveranstaltungen, für Leute die nach spirituellen Erfahrungen suchen, sind unter freiem Himmel alltäglich und voller inbrünstiger Freude, ganz anders als ein europäischer Kirchenbesuch. Das Nyayo Stadion in Nairobis Westen ist der Anziehungspunkt für Sportliebhaber, aber oft finden hier auch die christlichen Veranstaltungen statt. In jedem Falle, ist es ein guter Ort Kontakte zu knüpfen.

Die kenianische Regierung hatte es sich zur Aufgabe gemacht, riesige, von Öl getränkte Sandgebiete zu reinigen und fruchtbar zu machen.

Für unsere Versuche, ließ ich mir mehrere Säcke mit dem

kontaminierten Sand nach Deutschland schicken. Nachdem der Sand vom Öl getrennt war wurde er in großen Behältern nach meinem Verfahren behandelt und bereits nach drei Monaten waren die ersten Sprösslinge zu sehen.

Es war mir bekannt, dass die von der kenianischen Regierung eingesetzten Experten auch in anderen afrikanischen Staaten aktiv waren. Ich war aber doch überrascht, als wir aufgefordert wurden, die Ergebnisse mit einem Angebot umgehend nach dem westafrikanischen Nigeria zu schicken.

Es stellte sich heraus, dass die uns zugeschickten Sandproben aus Nigeria waren. Und so folgte eine Einladung nach Nigeria bzw. nach Benim, einem kleinen Nachbarstaat von Nigeria, um die Verträge über die Fruchtbarmachung der verunreinigten Sandböden abzuschließen.

Die République du Bénin war eine französische Kolonie und heute zwar selbständig, aber wirtschaftlich an Nigeria angeschlossen.

Bénin, mit der Hauptstadt Port-Novo, liegt am Golf von Guinea und grenzt westlich an Togo, an Burkina Faso und Niger im Norden und Nigeria im Osten.

Ich flog von Frankfurt nach Lagos, dort musste ich auf eine uralte Militärmaschine umsteigen, die in der Lage war, auf dem sandigen Busch-Flugplatz zu landen. Der Flug war ein einziges Schaukeln, Krachen und Wackeln.

Wir kamen um Mitternacht in Benin an. Schon das Aussteigen über eine normale Holzleiter war schreckerregend. Im Flugplatzgebäude - einer Holzhütte - wollte ich mein Gepäck abholen, aber mir wurde gesagt, dass ich mein Gepäck erst am nächsten Tag bekommen könnte, da es zuerst untersucht werden müsste und danach erst freigegeben werden könnte.

Ich fragte nach einem Taxi zum Hotel, dort angekommen war ich zu dieser Tages- bzw. Nachtzeit der einzige Gast. Da mir die Namen der Minister angegeben wurden, die mich im Hotel empfangen sollten, fragte ich den Hotelportier. Er schüttelte nur den Kopf und war sprachlos darüber, dass noch in der Nacht nigerianische Minister eintreffen sollten.

Solange wir uns unterhielten, kamen drei Männer ins Hotel. Zwei davon waren mit langen weißen Roben und goldbestickten Kopfbedeckung bekleidet. Der dritte Mann war ein tiefschwarzes Muskelpaket in einem etwas ausgewaschenen dunklen Anzug.

Sie kamen direkt auf mich zu und stellten sich mit den mir genannten Namen vor. Nach der langen Reise wollte mich erst in meinem Hotelzimmer frisch machen und bat die Herren, solange in der Hotelhalle auf mich zu warten. Meine Bitte wurde freundlich aber bestimmt abgelehnt und meine Gesprächspartner bestanden darauf, mit mir auf mein Zimmer zu kommen. Die beiden in weiß gekleideten Herren gingen mit ins Zimmer, der Muskelmann musste draußen vor der Zimmertüre warten.

Sie hatten bereits viele Dokumente, Zertifikate und Genehmigungen bei sich, auch ein Zertifikat der National Bank of Nigeria, worin bestätigt war, dass die Finanzierung gesichert sei. Ich wollte aber unbedingt ausgeschlafen und mit klarem Kopf verhandeln und drängte darauf endlich ins Bett zu kommen. Ich bat die Herren, mein Zimmer zu verlassen. Sie waren jedoch der Meinung, dass es in ihrer Heimat unhöflich wäre, die Gäste aus dem Zimmer zu verweisen. Widerwillig beugte ich mich den ungewöhnlichen Gebräuchen. So legte sich einer der Herren ins Bett neben meinem und der andere schlief auf der Bettvorlage. Ein kräftiges Schnarchen, ließ vermuten, dass sich der Muskelprotz vor der Tür zur Ruhe gebettet hatte.

Am Morgen wurde ich nach einem kurzen, unruhigen Schlaf von einem meiner Untermieter geweckt. Er stand über und über mit Duschschaum bedeckt vor mir und fragte, wie er den Schaum wieder wegbekommen könnte.

Auf seinem zerwühlten Bett lag mein geöffneter Koffer und er hatte sich meine volle Flasche Duschschaum über den Kopf gekippt. Ich musste ihm erst erklären, dass er solange mit klarem Wasser duschen müsste, bis der Schaum weggewaschen wäre.

Da das Wasser nur aus der Leitung tröpfelte, rubbelte sich mein Besucher den Schaum mit dem Handtuch vom Körper und „duftete“ noch bis in den Nachmittag hinein nach Fichtennadel-Extrakt.

Beim gemeinsamen Frühstück erfuhr ich nun mehr über meine Verhandlungspartner. Sie erklärten mir, welche Ämter sie bei der Regierung von Nigeria inne hätten und welche Macht und Ansehen sie in ihrem Privatleben genießen würden. Einer war Häuptling und Sohn eines früheren Königs und nun Wirtschaftsminister, geschmückt war er jedoch wie ein König. Der zweite war stellvertretender Finanzminister und der dritte „nur“ der Bodyguard und Aufpasser für die beiden Honoratioren.

Nach dem Frühstück gingen wir zu weiteren Gesprächen in die Hotelhalle. Bevor ich die Verträge unterzeichnete, wollte ich noch mit der Bank of Nigeria telefonieren und mir bestätigen lassen, dass das mir vorgelegte Zertifikat auch seine Richtigkeit hatte und die Herren bei der Regierung und der Bank of Nigeria beschäftigt und bekannt wären. Das wurde mir telefonisch noch einmal bestätigt, aber weiter wurde mir mitgeteilt, dass ich - bevor die Auszahlung meiner Honorare erfolgen könnte – eine Bearbeitungsgebühr von 40 000 DM an die Bank of Nigeria zu entrichten hätte und die beiden Herren auch berechtigt seien, diesen Unkostenbeitrag in Empfang zu nehmen.

Insgesamt kamen mir die Umstände recht ungewöhnlich vor und weil ich kein allzu großes Vertrauen zu der Angelegenheit hatte, faxte ich die Papiere zu meiner Bank zur Prüfung. Die Antwort ließen keinen Zweifel zu, da die Papiere mit Originalstempel der Bank of Nigeria versehen waren und so wurden die „Bearbeitungsgebühr“ auch sofort von meiner Bank überwiesen, um die Angelegenheit voranzubringen.

Ich machte noch zwei Tage Arbeitsurlaub mit den Herren aus Nigeria, wobei sehr fachmännisch nochmals alle Details der Abwicklung besprochen wurden und meine Zweifel schmolzen wie Sahne in der afrikanischen Mittagsonne.

Bereits drei Wochen nach meiner Rückkehr nach Deutschland erhielt ich die Nachricht der Bank of Nigeria, dass die Genehmigung für das Projekt erteilt sei und die ersten Zahlungen an mich erfolgen könnten.

Da die Auszahlung nur direkt bei der Bank of Nigeria in Lagos, gegen Aushändigung verschiedener Dokumente erfolgen sollte, musste ich erneut nach Lagos zu fliegen.

Beauftragt zur Abwicklung des Projekts war die National-Petroleum-Cooperation-Chemical-Division in Ikoyi-Lagos. Die Projektkosten waren für die gesamte Abwicklung bis zur Übergabe auf knapp 25 Millionen DM veranschlagt. Davon war für uns (A.S.I) ein Anteil von 10 Prozent, als Entwicklungskosten vorgesehen, die ich sofort nach Übergabe der Dokumentation erhalten sollte. Ich war trotz meiner kritischen Informationen über den Staat Nigeria von der Sache überzeugt, da die Nachricht über die Zahlungsabwicklung direkt von der „National Bank of Nigeria" kam.

Nigeria ist nicht nur einer der größten, sondern auch einer der zerrissensten Staaten Afrikas. Die drei größten Volksgruppen streiten sich um politische Einflussbereiche, aber auch um wirtschaftliche Pfründe wie die Ölfelder im Osten des Landes.

Offenes Geheimnis ist, dass Schmuggler Öltanker samt Inhalt von Maiduguri außer Landes verschieben, während in dem erdölproduzierenden Land immer wieder, und das seit Jahren, das Benzin knapp ist. Tagelang stehen Autofahrer an den Tankstellen Schlange, um vielleicht 2 Gallonen (12 Liter Benzin) zu ergattern. Auf dem Schwarzmarkt kostete die Gallone zwischen 200 und 300 Naira, zwischen 2 und 3 Euro, und die Preise steigen immer weiter.

Auf dem Schwarzmarkt in Nigeria gibt es fast alles, doch Benzin kann hier nur kaufen, wer einigermaßen bei Kasse ist. Für die größtenteils von der Hand in den Mund lebende Bevölkerung sind 200 bis 300 Naira viel Geld. Die Kinder, die auf den Straßen der 10-Millionen-Stadt Lagos zum Familienverdienst beitragen müssen, verdienen nur einige Cent am Tag. Der Durchschnittsverdienst eines ungelernten Arbeiters beträgt zwischen 500 und 1 000 Naira im Monat. Das sind 40 bis 75 Euro, und die Lebenshaltungskosten steigen. Mittlerweile liegt die Inflationsrate bei 70 Prozent, der Preis für eine Dose Milchpulver ist innerhalb von fünf Jahren von 60 auf 1 200 Naira gestiegen.

Trotz der hohen Benzinpreise erstickt Lagos an Autoabgasen. In Lagos, wie überall in Nigeria, sind die Menschen von früh bis spät unterwegs. Der Broterwerb ist mühselig, jede Tätigkeit braucht Zeit, viele Wege sind vergebens und die Bürokratie arbeitet willkürlich. Telefone funktionieren selten, der Strom fällt regelmäßig aus und die hygienischen Zustände sind in manchen Stadtteilen entsetzlich.

Sobald man durch eines der Stadttore die Altstadt betritt, wird der Fäkaliengeruch aus den flachen Abwasserrinnen unerträglich. In der Altstadt spielt sich das Leben auf den Straßen ab. Die Menschen sitzen neben den Abwasserkanälen, zwischen halb im Sand verscharrten Plastiktüten, um sie herum die im Unrat nach Nahrhaftem suchenden Ziegen und Hühner. Sie kochen und rösten auf Holzkohlefeuern, schwatzen und debattieren. Je mehr man sich dem Zentrum der Altstadt nähert, desto mehr wird sie zum großen, schmutzigen Markt. Überall wird gehandelt und geschachert. Es gibt alles zu kaufen: Vom importierten Kühlschrank und Fernseher, über billigen Krimskrams aus China, Lebensmittelkonserven aus Europa, Handwerk aus der Stadt, bis zu Federvieh und Ziegen. In der Nähe der Verkaufsstände verdichtet sich der Geruch nach Fäulnis und Verfall, nach menschlichem Urin und Kot aufs neue. Die brütende Hitze bringt die Gerüche so richtig zur Entfaltung und Krankheiten zum Ausbruch.

Die Lage ist explosiv in Nigeria. Die Jagd nach dem schnellen Geld, das in den siebziger Jahren enormen Aufschwung brachte und für die Bevölkerung nur Enttäuschung hinterließ, fordert immer skrupellosere Methoden.

»Willst du etwas, dann musst du es dir mit Gewalt nehmen.

Anders kommst du zu nichts«, erklärte mir ein Fischer im Delta, der mit seiner Familie in einer auf Pfählen errichteten Bretterhütte lebt. Auch er glaubt, etwas von der importierten Philosophie der amerikanischen Ölgesellschaften verstanden zu haben.

»Der Erfolg gehört dem Rücksichtslosesten, dem der sich durchzusetzen versteht. «

Der nigerianische Staat ist bankrott. Seit dem Ölboom der siebziger Jahre geht es kontinuierlich bergab. Die Kriminalität steigt in den Städten, und selbst auf den Landstraßen gibt es regelmäßig Überfälle, die so manches Mal mit dem Tod der Ausgeplünderten enden.

Nigeria befindet sich gefährlich nahe am Rande der Katastrophe-, schreibt Ken Saro-Wiwa in seinem im Gefängnis verfassten Buch, das auch in deutscher Übersetzung erschienen ist. Die Katastrophe könnte ein zweites Biafra oder ein weiteres Ruanda sein.

Ich flog nach Nigeria und kam nachts gegen 23 Uhr in Lagos an.

Am Flughafen wurde ich direkt auf dem Rollfeld mit einem Schild mit meinem Namen aufgefordert, mich den bereitstehenden Personen anzuschließen, da ich nicht wie die anderen Passagiere durch den Zoll bräuchte. Es waren zwei Männer in Uniformen, denen ich mich anvertraute und so gingen wir nicht durch die Zollkontrolle, sondern schnurstracks zur Polizeistation. Hier wurde mir freundlich lächelnd erklärt, dass sie den Auftrag von der „National Bank of Nigeria" hätten, mich direkt am Flugzeug abzuholen und mich ins Hotel zu eskortieren. Aber zuerst wurde mein Gepäck durchstöbert, zu meiner eigenen Sicherheit, wurde mir beteuert, da in Nigeria angeblich sehr viele Geschäftsleute überfallen würden. Ich sollte meine rund 2 000 US-Dollar Bargeld und alle Original-Projektunterlagen und Zeichnungen in die Obhut der Polizisten geben. Bei dem anstehenden Gespräch in der National Bank würde man mir dann mein Eigentum wieder zurückgegeben.

Damit war ich nicht einverstanden und das Lächeln der Polizisten verlor seine Freundlichkeit. Es gab viele Telefonate - ohne mich über den Inhalt zu informieren. Nach mehreren Stunden wurde mein Gepäck kommentarlos in einem Pkw verstaut. Es war inzwischen bereits nach drei Uhr, als ich mit den beiden Ordnungshütern und einem Fahrer endlich den Flughafen verließ.

Wir hatten die Lichter des Flughafens kaum hinter uns gelassen, als das Fahrzeug auf Anweisung eines der Polizisten an einer dunklen Stelle hielt. Die immer noch lächelnden Uniformträger verlangten das Geld aus meiner Tasche, aber ich weigerte mich standhaft. Die vermeintlichen Polizist drohten mir. Nun war es kein Lächeln mehr. Nun war es ein breites, bösartiges Grinsen, das ihre Gesichter verzerrte.

Ich hielt den Fahrer für einen netten Kerl, aber es gäbe viele hässliche Menschen, wenn jedem sein Charakter ins Gesicht geschrieben wäre. Mit allen möglichen Tricks, Überredungskünsten und Drohungen konnte ich ihn dazu bewegen, weiterzufahren und mich zum Hotel zu bringen. Beim Anfahren sprangen die zwei „Polizisten" aus dem Auto und verschwanden mit all meinen Unterlagen in der Dunkelheit der Nacht.

Fast zwei Stunden fuhren wir in den Sonnenaufgang hinein, ohne dass ein Hotel auftauchte, so konnte es nicht weitergehen. Langsam hatte sich in mir ein unbändiger Zorn aufgebaut, der meine Angst überlagerte und der schwindsüchtige Fahrer wurde in meinen Augen immer mickriger. Ich befahl ihm anzuhalten, da ich unbedingt im Busch austreten müsste. Als er angehalten hatte, lief ich zur Fahrerseite, riss die Fahrertüre auf und zwang ihn ebenfalls auszusteigen. Ich drückte ihm meinen Füllfederhalter gegen die Brust und erklärte ihm, ich würde ihn erschießen, wenn er mir nicht sofort erzählen würde, wann wir, verdammt noch mal, endlich bei dem für mich von der National Bank reserviert Hotel ankämen.

In Todesangst verdrehte mein Fahrer die Augen, bis nur noch weiße Kugeln zu sehen waren und berichtete stotternd, er hätte den Auftrag von den verbrecherischen Polizisten, mich zu einem weit entfernten Hotel zu bringen. Was dort mit mir geschehen sollte, wusste er allerdings auch nicht.

Als wir nach weiteren 20 Minuten an dem Hotel ankamen, ließ er mich aussteigen und fuhr dann mit aufheulendem Motor davon.

Außer dem Nachtportier war im Hotel niemand zu sehen. Er wusste natürlich nichts von einer Zimmerreservierung für mich, aber er gab mir ein schönes Zimmer zu meiner Zufriedenheit.

Mein erster Weg führte mich unter die Dusche, um meinen Ärger und den nigerianischen Dreck wegzuspülen. Ich freute mich auf ein paar Stunden Schlaf, aber das sollte ein Traum bleiben.

Ich hatte noch einen Fuß in der Duschwanne, als das Telefon läutete. Es meldete sich ein Dr. Iris, den ich von mehreren Telefonaten her kannte, aber seine Stimme klang eigenartig verändert. Er sagte mir, dass ich in Kürze mit seinem Auto abgeholt würde und ich mich bereit halten sollte. Ohne Schlaf machte ich mich fertig und wartete auf den Wagen, der mich zur National Bank bringen sollte.

In der Zwischenzeit erzählte ich dem staunenden Portier von meinen Erlebnissen und während ich es mir in einem Sessel in der Empfangshalle bequem machte, beobachtete er die Hotelauffahrt. Als der Portier den erwarteten Wagen mit drei Männern vorfahren sah, kam er aufgeregt zu mir gelaufen. Er warnte mich eindringlich davor mit diesen Leuten wegzufahren und drängte mich, mich zu verstecken, da ihm diese Leute bekannt wären. Atemlos berichtete er, dass sie seit langem von der Polizei gesucht würden, wegen schweren Vergehen und auch Mordanschlägen.

Ich versteckte mich hinter der, in der frühen Morgenstunde, noch geschlossenen Hotelbar und verfolgte in meinem Versteck den aufgeregten Wortwechsel zwischen den Gangstern und dem Portier in einer mir fremden Sprache.

Im Schutz der Bartheke suchte ich in meinem Taschenkalender verzweifelt nach einer deutschen Firmenadresse, die in Nigeria mit einem Auslandsbüro vertreten war. Ich fand die Firma Ferrostahl und deren nigerianische Telefonnummer in der Adeyemo Alakija Street in Lagos.

Qualvoll langen Minuten später, hatte ich Gelegenheit zu telefonieren. Nachdem ich meine Situation erklärt hatte, wurde mir geraten, mich nicht aus dem Versteck im Hotel zu wagen. Es würde mich umgehend ein Firmenauto abholen mit einem Bodyguard zu meinem Schutz.

Als wir im Firmenbüro ankamen, erfuhr ich, dass das nigerianische Militär sich gerade zum siebten Male seit der Unabhängigkeit 1960 an die Macht geputscht hatte. Über Lagos war der Ausnahmezustand verhängt und die ersten Regierungsmitglieder waren bereits exekutiert. Alle offiziellen Stellen, auch die National Bank of Nigeria waren von der Armee besetzt.

Ich wurde aus Sicherheitsgründen zwei Tage im Gästehaus der Firma Ferrostahl versteckt und mit allem Notwendigen versorgt. Als am zweiten Tag die Unruhen noch zunahmen, wurde ich in Begleitung eines Security-Man mit einem Fahrzeug von Ferrostahl zum Flughafen gebracht. Nachdem der Security-Man mich verlassen hatte, wurde mir mein Ticket abgenommen und durch ein Ticket der 1. Klasse ersetzt - mit einem Zwangsaufschlag von 1 500 DM.

Nach einigen Wochen waren alle Telefon- und Faxnummern der National Bank of Nigeria gelöscht und alle Namen geändert.

Durch einen Bekannten, der ebenfalls in Nigeria arbeitete, habe ich erfahren, dass viele der früheren Gauner noch in den Regierungsstellen durch die neuen Machthaber hingerichtet wurden.

Auf meine Frage, ob die neue Regierung nun besser und ehrlicher währe, bekam ich zur Antwort: »Gewiss, es gibt auch ungefährliche Haie, zahme Tiger und nicht stinkende Scheiße. Aber das sind Ausnahmen, und ehrliche Politiker sind ebensolche einmaligen Phänomene.«

PROJEKT SOFIT THAILAND

Nach meiner Rückkehr aus Nigeria konnte ich gerade einige Tage mit meiner Arbeit im Büro verbringen, aber vor allem musste ich dringend in ärztliche Behandlung - da ich mit neuen, immer wiederkehrenden Malariaanfällen zu kämpfen hatte - bevor ich zur Abnahme einer Anlage nach Thailand fliegen konnte.

Bei einem Besuch in Thailand, sollte man auf gar keinen Fall versäumen sich den Königspalast in Bangkok anzusehen. Dort finden sie unter anderem das größte Heiligtum Thailands, den Jade Buddha und eine große Sammlung von Buddha's die der König dort in einem Museum zeigen lässt. Ferner finden Sie Bauwerke aus jeder Epoche und Dynastie. Ein Modell von Ayutthaya, der früheren Hauptstadt Siam's und große Wandmalereien.

Auch sollte man einen Besuch im „Rose Garden" nicht versäumen. Dort kann man traditionelle Thaitänze sehen, sowie Kampfarten, wie sie in der Zeit von Ayutthaya und den Burmesen Kriegen ausgetragen wurden. In Bangkok finden Sie zahlreiche Buddha's und Wat's (Tempel), zum Beispiel den größten liegenden Buddha der Welt in dessen Fußsohlen die Lehren Buddhas in Perlmutt eingelegt sind. Sehenswert ist auch der 5,5 Tonnen schwere Buddha aus reinem Gold - die schwimmenden Märkte - eine Fahrt auf dem Yong Paja Fluss, sowie ein Besuch in Bangkoks berühmter Schlangenfarm. Oder eine kleine Fahrt von Bangkok zur weltberühmten Brücke am Kwai.

Auch eine Fahrt zu dem 80 Kilometer entfernten Ayutthaya lohnt sich bestimmt. Ein besonderes Erlebnis ist für jeden Europäer ein Besuch in China Town bei den Goldgeschäften.

Was ich in Thailand antraf, war eine Katastrophe. Alle auf der Baustelle zur Verfügung stehenden Fahrzeuge waren reiner Schrott, ob es um Werkzeug oder Gerüste für den Bau ging oder um die Arbeiter selbst - nur Probleme. Ich forderte unseren besten Chefmonteur aus Deutschland an, um diese Anlage in Produktion zu bringen, mit seinem Sohn als Betriebs-Elektriker, damit ich alles organisieren und wieder nach Deutschland zurückfliegen konnte.

Nach einigen Wochen führte ich mit dem Chefmonteur ein Telefongespräch über den Fortgang der Montage und wollte auch dabei von seinem Sohn hören, wie weit die Elektroarbeiten vorangekommen waren. Dabei musste ich erfahren, dass sein Sohn seit längerer Zeit nicht mehr aufzufinden wäre.

Mit stockender Stimme versprach er mir, mich sofort zu informieren, wenn er wieder auftauchen und die Arbeit aufnehmen würde. Kurz vor der Inbetriebnahme musste ich erfahren, dass der Sohn nicht mehr im Betrieb erschienen war und ein anderer Elektriker eingesetzt wurde.

Wir haben unseren thailändischen Auftraggeber gebeten, bei der Suche nach dem Sohn zu helfen und brachten dann in Erfahrung, dass er sich in einem heruntergekommenen Hotel mit jungen Mädchen und viel Alkohol versteckt hielt.

Der Vater hat den Kummer mit seinem Sohn nicht verkraftet und ist nicht lange danach gestorben. Ich konnte mit ihm leider vor seinem Tod nicht mehr sprechen, auch von seiner Frau konnte ich nichts weiter erfahren.

Später habe ich versucht Auskünfte über den Verbleib des Sohnes von meinem Auftraggeber zu bekommen, aber ich habe nie erfahren, was aus dem jungen Mann wurde.

KENIA - SCHON WIEDER AFRIKA

Es wurden viele Anträge gestellt für Anlagen zur Herstellung von Platten und Formteilen aus Abfallholz und wiederverwertbaren Materialien. Aus den Produkten sollten Billighäuser entstehen, für das kenianische Hochland, neben dem zweithöchsten Berg von Afrika, dem 5 195 Meter hohen Kilimandscharo.

Seit 1964 ist Kenia unabhängig, man könnte auch schreiben „unabhängig und verlassen".

Das Land hat eine Fläche von 583 000 km² und ungefähr 8,5 Millionen Einwohner und „noch immer" genug Kunden für Billigunterkünfte.

Ich bekam eine Anfrage aus Nairobi, der Hauptstadt, zu Erstellung eines Projektplanes für eine solche Anlage.

Kenia waren großzügige Finanzierungszusagen in Aussicht gestellt, von der EU, der Weltbank und als ehemalige britische Kolonie in Ostafrika, besonders aus England. Auch die deutsche Entwicklungshilfe brüstete sich mit ihren Hilfsprogrammen für Kenia.

Wir erstellten Pläne für die notwendigen Bauten, für die erforderlichen Maschinen, für das Personal, für die Produktion usw., die wir zusammen mit den ausgefüllten Fragebögen der verschiedenen Institute nach Kenia schickten. Von dort wurden die Finanzierungsanfragen wieder über uns an die zuständigen Stellen weitergeleitet.

Die Anfrage an deutsche Stellen wurden überhaupt nicht beantwortet, von der Europäischen Union und Weltbank wurden Zusagen gegeben. Da alle Unterlagen nach Brüssel 6fach und in zwei Sprachen eingereicht werden mussten, beauftragten wir mit den Schreib- und Übersetzungsarbeiten eine ehemalige Lehrerin in Stuttgart.

Nach zwei weiteren Jahren konnte die Anlage in Betrieb gehen. Da die Ausarbeitung meist aus meiner Hand kam, vor allem der chemisch-technische Bereich, musste ich nach Kenia.

Ich konnte die Lehrerin überreden, als Dolmetscherin mit mir zu fliegen. Sie war mir eine große Hilfe, zumal sie durch ihre Übersetzungsarbeiten bestens mit den Details der Anlage vertraut war.

Nach der Erledigung aller Reisevorbereitungen vereinbarten wir mit unserem kenianischen Geschäftspartner ein Treffen in einem Hotel in Nairobi.

Nach einem problemlosen Flug kamen wir im Hotel an und es waren bereits zwei schöne Einzelzimmer für uns reserviert, wie von uns gewünscht - wir waren ja beide verheiratet.

Ich hatte die Kenianer bereits als ein warmherziges und gastfreundliches Volk kennen gelernt. Überhaupt ist Kenia ein sehr schönes Urlaubsland.

Reisen durch Kenia und ganz Ost Afrika können sehr gut von Nairobi aus gestartet werden. Von der Hauptstadt ist eine Safari in der Masai Mara oder im Nairobi National Park und sogar dem Amboseli Park oder den nördlicheren Attraktionen des Mount Kenias, dem Äquator, dem Turkana See (früher Rudolph See) oder zu den Teeplantagen Kerichos bis zum Viktoria See überhaupt kein Problem mehr.

Und so plante auch unser kenianischer Geschäftsfreund mit uns eine „Safari" in den Wildpark, um uns an die afrikanische Sonne zu gewöhnen.

Am nächsten Tag starteten wir bei Sonnenaufgang mit einem etwas bejahrten englischen Jeep zu der etwa 300 Kilometer entfernten Baustelle, in einer stark mit Bäumen und Sträuchern bepflanzten Hochebene. Nach dem ersten Tag hatten wir kaum mehr als die Hälfte der Strecke zurückgelegt, da wir uns gut achtzig Kilometer auf Nebenstraßen und durch Buschland bewegen mussten. Am zweiten Tag mussten wir unser Ziel erreichen. Unterwegs erlebten wir so etwas wie eine Fatahmorgana.

Nach einem vollständig zugewachsenen Buschweg erwartete uns das Wunder einer 1,5 km langen, vierspurigen Autobahn. Eine, bereits verrostete Metalltafel verkündete stolz: „Geschenk der Schweiz!"

Leider mussten wir neben diesem asphaltierten Teilstück fahren, da es bereits mit Unkraut überwuchert war und die Auffahrt und die Abfahrt fehlten, aber die vormals eingesetzte Teermaschine stand noch daneben, auf der sich inzwischen die Affen ein Zuhause eingerichtet hatten.

Endlich kamen wir bei der Produktionsanlage an. Die bereitstehenden Maschinen waren bereits mit Rost überzogen. Teils waren statt neuer Maschinen auch nur überholte Maschinen geliefert worden, die in ihrer Leistung nicht mit der erforderlichen Kapazität übereinstimmten.

Die Investoren der Firma unserer Auftraggeber bestanden je zur Hälfte aus staatlichen Organen und einer in Kenia beheimateten indischen Großfamilie.

Zur Anlage gehörte auch eine Leimaufbereitung. Sie war von einem Familienmitglied der indischen Familie, einem gelernten Zahnarzt, bereits vor meinem Eintreffen in Betrieb genommen worden. Und so kam es, dass alle Behälter und der Reaktionskessel mit ausgehärtetem Leim gefüllt waren.

Tagelang kämpfte ich mit den Tücken der Technik und gegen das technische Unverständnis meiner Auftraggeber und der Arbeiter an. Endlich produzierte die Anlage störungsfrei und lief gerade eine Woche, da war kein Geld mehr für den Kauf von Material vorhanden und die Anlage wurde wieder abgestellt.

Mein Problem war, das die ständigen Verzögerungen auch unser Bargeld aufgebraucht hatte. Von unseren „Gastgebebern" war nichts zu erwarten und so war ich mich mit meiner Begleiterin ohne Bargeld mitten im Busch. Ein Auto oder anderes Verkehrsmittel war weit und breit nicht zu sehen, selbst der alte Jeep stand ohne Benzin nutzlos im Hof.

Die ganze Situation wurde von unserem Kunden in einer Mischung aus asiatischer Weisheit und afrikanischer Gelassenheit hingenommen. Da wir ohne Geld und ohne Fahrzeug nicht weg konnten, wurden wir zu einem mehrtägigen Picknick in die naheliegenden Heißquellen eingeladen.

Überall schossen heiße Wasserfontänen aus dem Boden, die ganze Umgebung war in leichten Wassernebel gehüllt. Einige Kilometer weiter war ein kleiner See. In der Mitte des Sees ragte eine Felseninsel aus dem Wasser, auf der sich Hunderte von Affen tummelten und im See schwammen träge unzählige Krokodile mit weit aufgerissenen Rachen.

Um den See gab es mehrere kleine Hütten, die für einen Kurzurlaub gemietet werden konnten. Unsere sechzehnköpfige indische Gastfamilie hielten es für selbstverständlich, für meine Begleiterin und mich eine solche Hütte zu organisieren, aber es kam doch anders als gedacht.

In der ersten Hütte hatten sich zwei Krokodile eingerichtet, die sich standhaft weigerten den Raum für uns zu räumen. Meine Versuche sie zu vertreiben, stellte ich schnell ein. Ehrlich gesagt, schien mir ihr Heißhunger auf Menschenfleisch deutlich größer, als mein Mut.

Aber auch in der zweiten Hütte tummelten sich Schlangen in allen Größenordnungen, so dass wir schon bei dem Wort „Hütte" eine Gänsehaut bekamen.

Wir übernachteten nun eben mit unserer Gastfamilie im Freien, aber auf warmer, etwas feuchter Erde.

Die Frauen hatten ein köstliches Abendessen zubereitet und nach dem Essen bezogen wir unser Nachtquartier. Die Frauen separat, 100 Meter entfernt von den Männern.

Meine Begleiterin und ich achteten tunlichst darauf, dass zwischen uns und den hungrigen Krokodilen und giftigen Schlangen genügend „Familienmitglieder" ihr Nachtlager aufschlugen.

Wir Männer haben uns noch bis in die späte Nacht über den Sinn des Lebens und über die Jagd nach dem großen Geld unterhalten.

Mein indisch-kenianischer Gastgeber erklärte: »Mit dem Reichtum ist es wie mit dem Mist: Auf einem Haufen stinkt er. Über das Land verteilt, bringt er reiche Ernte.« Eine interessante Weisheit, die sich so mancher unserer westlichen Wirtschaftskapitäne an seine Bürowand nageln sollte.

Nach zwei Tagen Picknick wanderten wir wieder zurück in der Hoffnung, dass doch etwas Geld eingegangen ist, aber diese Hoffnung zerplatzte wie eine Seifenblase.

So konnte es nicht weitergehen. Ich wollte hier nicht länger ausharren, und ich konnte auch meiner Begleiterin das sinnlose Warten nicht länger zumuten.

Wir beschlossen, zu einer drei Kilometer entfernten Buschstraße aufzubrechen. Wie man uns berichtete, fuhr auf der Naturpiste fast täglich ein Fahrzeug vorbei.

Ich schulterte unser Gepäck, eine Reisetasche und meinen Rucksack, und wir marschierten in glühender Hitze durch den Busch. Da wir nicht wussten, in welcher Richtung Nairobi lag, blieb uns nichts anderes übrig, als am Straßenrand, im Schatten eines Affenbrotbaumes, auf ein vorbeikommendes Fahrzeug zu warten.

Nach einigen nervzehrenden Stunden, tauchte ein Eingeborener auf. Von ihm erfuhren wir, dass in der Nähe ein großer Steinbruch sei und die Lkws oft zu weit entfernten Baustellen fahren würden, um ihre Steinlast abzuladen.

Wir standen an der Ausfahrt des Steinbruchs, als der erste Lkw auf uns zudonnerte. Bereits unser erstes Winken stoppte den gewaltigen Lastwagen und wir durften auch gleich einsteigen. Der Kenianer freute sich, zum ersten Mal in seinem Leben mit Weißen zu sprechen und wollte uns auch gleich zu ihm nach Hause einladen. Als wir ihm erzählten, dass wir zum Flughafen nach Nairobi wollten und das zu Fuß, machte er vor Erstaunen den Mund nicht mehr zu.

Unser Fahrer war ein freundlicher und hilfsbereiter Bursche, aber nach vier Stunden war er an seinem Ziel und wir immer noch viele Kilometer von Nairobi entfernt. Zu Fuß machten wir uns auf den weiteren Weg und meine tapfere Begleiterin marschierte ohne zu klagen an meiner Seite.

Das Land löste sich aus der Umklammerung der untergehenden Sonne und Hunger und Durst plagte uns, als wir in der Ferne ein schwaches Licht sahen. Wo Licht war mussten auch Menschen sein, obwohl wir mitten im Busch nicht damit rechnen konnten. Ein Gemisch aus Angst, Hunger und Müdigkeit trieb uns feldeinwärts, dem Licht entgegen.

Obwohl keine Straße oder ein Fahrweg zu erkennen waren, tauchten vor uns barackenähnliche Unterkünfte auf und wir waren auf das Schlimmste gefasst. Ein Blick durch ein Fenster beruhigte uns und machte uns gleichzeitig neugierig. An einem langen Holztisch saßen junge, etwa gleichaltrige Mädchen, alle mit einer Tasse und einem Teller vor sich.

Wir machten uns bemerkbar und wurden sofort aufgefordert herein zu kommen. Die Behausung war sehr dunkel, aber wir konnten doch erkennen, dass die jungen Damen schülerähnliche Uniformen und drei ältere Frauen Servicekleider und weiße Häubchen trugen. Wir wurden zum Essen eingeladen und bekamen, wie die Mädchen, ein teeartiges Getränk und einen Brei aus Reis und Mais.

Während dem Essen war eine befremdende Stille. Es gab keine Tischgespräche und niemand stellte uns Fragen. Fast wortlos wurde uns danach ein Nachtquartier zugewiesen, unter einem löchrigen Zeltdach vor der Baracke.

Ich lag auf dem Rücken, starrte in den wunderbaren afrikanischen Nachthimmel und machte mir Sorgen über unsere Situation. Ich dachte noch, nirgendwo sonst auf der Welt habe ich die Sterne so groß und glitzernd gesehen wie über Afrika, dann schlief ich ein. Ich träumte im Halbschlaf noch von Essen aus meiner Heimat, von schwäbischen Maultaschen, von Dampf- und Schupfnudla und schwamm unmerklich in ein sorgloses Vergessen.

Am Morgen weckten mich ein Summen und Kitzeln an der Nase. Als ich die Augen aufschlug, sah ich eine fette Fliege, die behäbig einen Kreis über meinem Kopf zog. Ich warf mit dem Schuh nach ihr, ohne sie zu treffen. Einen Moment stand sie schwirrend in der Luft und schien mich verächtlich zu mustern; dann flog sie davon.

Plötzlich ertönte ein vielstimmiges Gelächter und die jungen Damen, die mir beim Abendessen noch züchtig und hochgeschlossen gegenüber saßen, hüpften nackt, wie Gott sie geschaffen hatte, an mir vorbei in einen Wassertümpel.

Das Wasser war so dunkel, dass die Tiefe des Tümpels nicht zu erkennen war, aber dafür blühten einige seerosenähnliche Gewächse auf dem Wasser.

Einer der Nackedeis lief ständig mit einer langen Stange um den Teiche, um festzustellen, wie tief das Wasser war und wie weit die Mädchen im Wasser noch stehen konnten.

Als meine Lehrerin das sah, sprang auch sie ins Wasser und schwamm quer über den Tümpel. Dabei gab es ein Händeklatschen und Kichern und alle Mädchen wollten bei ihr schwimmen lernen.

Ich saß derweilen weit entfernt auf einem Holzklotz im Schatten einer Akazie, denn so viel nackte Weiblichkeit war doch zu viel für mich. Ich konzentrierte mich auf das aufgeregte Gezwitscher der Webervögel über mir, die ihre Nester mit trockenen Grasfasern verwebten.

Als ich mich von meinem Sitzplatz erhob, sah ich, dass um den Klotz herum alles mit Blut bespritzt war und zwischen dem dürren Gestrüpp Köpfe geschlachteter Hühner lagen.

Da waren auf der einen Seite die viele hübschen junge Damen und auf der anderen Seite ich, der einzige Mann soweit das Auge reichte und dazwischen dieser blutbesudelte Hackklotz. Die Kombination gefiel mir nicht und ich bestand darauf, dass wir uns wieder auf den Weg Richtung Flughafen machten.

Unser nächster Aufenthalt war deutlich luxuriöser ausgestattet. Nach einigen anstrengenden Stunden Fußmarsch wurden wir auf ein kleineres Camp aufmerksam. Zu dem Lager führte eine schmale, gut zu befahrende Straße. Als wir an dem stark bewachten Lager ankamen, sahen wir Autos mit amerikanischen Nummernschildern und englisch sprechende Fahrer. Sie berichteten uns, dass in etwa fünf Kilometer Entfernung ein Superhotel vom Amerikanern - für Amerikaner gebaut wurde, mit allem Komfort, wie Landeplatz, Golfanlage, Tennisplatz und einem märchenhafter Park mit Grünanlagen und Seestücken angelegt.

Meine Begleiterin und ich warfen uns einen verschwörerischen Blick zu und fast einstimmig erklärten wir, dass wir genau dahin eingeladen seien. Dass unser Auto unterwegs liegen geblieben wäre, wurde problemlos als Erklärung für unser Aussehen akzeptiert. Sofort stand ein Fahrzeug mit Fahrer zur Verfügung und fuhr uns zu dem „Superhotel". Wir drängten unseren schwarzen Chauffeur uns noch vor dem Hotel aussteigen zu lassen, aber der Fahrer bestand in seiner Hilfsbereitschaft hartnäckig darauf, unser doch recht spärliches Gepäck ins Hotel zu tragen. Noch vor der sich selbst öffnenden Hoteltür zur Empfangshalle wollte er unsere Zimmernummer wissen und von der Frage überrumpelt rief ich ihm die Zimmernummer meines Hotels in Nairobi zu: »Three-three-three!«

Wir hofften inständig, dass unser Gepäck im Eingangsbereich stehen bleiben würde und nicht auf dem Hotelzimmer 333 landete.

Von der Hotelhalle aus öffnete sich ein wunderschöner Blick auf den Hotelgarten mit einem Restaurante. Im Garten blühte weißer Oleander und roter und gelber Hibiskus. Weißgetünchte Mauern waren von lachsfarbenen, weißen und tiefroten Bougainvilleen und Hängegeranien überwuchert. Zwischen farbeprächtig blühenden Hecken gruppierten sich beinahe uneinsehbare Tischplätze. Wir nahmen einen dieser schattigen Oasen in Beschlag; und saßen kaum, da eilte auch schon ein Kellner herbei und platzierte ein Kärtchen mit „unserer Zimmernummer" auf dem Tisch.

Fast schamlos stürzten wir uns auf die Speisekarte und suchten uns die leckersten Dinge aus. Das exquisite Ambiente und das paradiesische Angebot nahm uns alle Hemmungen.

Nach dem Essen bummelten wir durch den Garten. Wenn uns ein Hotelangestellter begegnete, lobten wir das Hotel und sein Personal in den höchsten Tönen. Denn eines hatte ich bei meinen vielen Reisen gelernt, streichelt man die Eitelkeit, bläst sich der Betroffene selbstgefällig auf und aus allen Poren tröpfelt sein Wohlwollen.

Wir legten uns in den Schatten weitausladender Palmen und ließen uns von einer sanften Brise in einen erholsamen Mittagschlaf streicheln. Anschließend tranken wir Kaffee und aßen einen Kuchen dazu, ganz so als hätten wir eine bedingungslose Einladung in ein Schlaraffenland.

Als uns beim frühen Abendessen andere Hotelgäste in gepflegter Abendgarderobe begegneten, regte sich bei uns auch wieder das Gewissen und die Angst, als Betrüger entlarvt zu werden, gesellte sich dazu.

Als wir dann am Tisch im Garten beim Abendessen saßen, beobachteten wir, wie ein Hotelboy mit einer hochgehobenen Tafel mit „unserer Zimmernummer“ 333 herumlief und wir beschleunigten unsere Mahlzeit, bevor wir doch noch erwischt würden. - Wir hatten ja letztlich weder ein Zimmer, noch Geld.

Mit unserem dreisten Auftreten, hatten wir uns bereits soweit vergaloppiert, dass uns nichts anderes machbar erschien, als schleunigst das Weite zu suchen. Meine Begleiterin machte sich durch den Garten davon und ich suchte noch unser Gepäck. Ich fand es in einer Ecke der Hotelhalle, mit einem Vermerk, den ich ohne ihn zu lesen auf die Theke legte, dann verschwand auch ich schnellstens aus dem Hotel.

In eine Staubwolke eingehüllt, verschwitzt und außer Atem kamen wir im „Fahrerlager“ an. Ich weiß nicht, was die staunenden Chauffeure von uns dachten, aber ganz geheuer schien ihnen unser Anblick nicht zu sein. Trotzdem nahm uns einer der Fahrer gut zwanzig Kilometer mit und so waren wir schnell weit genug weg von unserem Kurzurlaubshotel, um noch die gerechte Strafe befürchten zu müssen.

Zu Fuß machten wir uns wieder auf den Weg in Richtung Nairobi. Nach wenigen Kilometern kamen wir zu einem Massai Dorf. Wir waren neugierig und irgendwie auch fasziniert von der Möglichkeit hier zu übernachten. Also gingen wir ins Dorf. Die Massai leben in einem enk'ang oder Kraal, was eine Hüttenansammlung für Massai-Krieger bezeichnet. Niedrige, igluförmige Hütten werden von den Frauen aus Zweigen und Gras errichtet, die sie mit einer Mischung aus Kuhdung und Lehm abdecken. Umgeben ist die Rundlingssiedlung mit einem stachligen Dornenverhau, der Mensch und Vieh vor umherstreifenden Hyänen, Leoparden oder Löwen schützt.

Zwischen den Hütten lag ein Dorfplatz und da gab es auch einen Verkaufsstand mit vielen Getränken, auch Bier.

Die Begegnung mit den Massai war anfangs sehr zurückhaltend. Weiße, ohne Auto und nur mit Handgepäck erweckten ein allgemeines Staunen. Aber aus anfänglicher Vorsicht wurde schnell eine freundliche und herzliche Begegnung.

Die Massai sind gut aussehende Menschen: Schlank, groß gewachsen und gut gebaut. Ihre Kleidung ist herrlich bunt. Sie tragen Tücher, in lebhafte Rot- und Blautöne eingefärbt, lose um den geschmeidigen Körper gelegt. Die Frauen schmücken sich mit schönen, perlenverzierten breiten Halsringen, die wie ein großer runder Kragen wirken, und mit bunten Stirnbändern. Arme und Fesseln sind mit eng anliegenden, dicken Reifen aus Kupferspiralen versehen. Männer und Frauen strecken ihre Ohrläppchen, indem sie schwere Ohrringe oder perlenverzierten Schmuck daran hängen. Mancher der Massai hatte seinen Körper mit rotem Ocker kunstvoll bemalt, einem fein pulverisierten Mineral, das man mit Kuhfett mischt.

Aber auch wir staunten, als ein tief schwarzer Eingeborener - hell gekleidet mit Hemd und Fliege aus einem der Rundhäuser trat und sich als Professor und Regierungsabgeordneter vorstellte. Er erzählte uns, dass er aus diesem enk'ang stammen würde und er lud uns ein, seine Gäste zu sein. Dann überraschte uns unser Gastgeber noch mit der Information, dass er am nächsten Tag nach Nairobi müsse und uns gerne mitnehmen würde.

Eine kräftige „Big Mama" geleitete uns zu einer der Hütten und erklärte die Wohnverhältnisse. Die traditionellen Massai-Hütten sind wie ein Schneckenhaussystem konstruiert.

Zwei Nischen sind normalerweise für Kinder und Utensilien gedacht. In der Mitte der Hütte ist eine Feuerstelle mit dem einzigen Lichteinfall und die Schlafstelle.

Am späten Abend beobachteten wir im Feuerschein, wie man sich auf dem Dorfplatz zum Tanz versammelte. Die Massai bildeten einen Kreis und bewegten sich rhythmisch. Während sie immer intensiver tanzten, hüpften die schweren Perlenhalsringe der Mädchen im Takt auf ihren Schultern. Dann war ein Massai-Krieger nach dem anderen an der Reihe, in die Mitte des Kreises zu treten und verschiedene spektakuläre, hohe Luftsprünge zu vollbringen. Der Tanz dauerte bis spät in die Nacht, bis jedermann erschöpft war.

In der Nacht war die Luft kühl und wir saßen alle dicht gedrängt um das Feuer, das jegliches Frösteln vertrieb. Es roch nach Rauch, nach geröstetem Fleisch und extrem nach Kuh, denn die Herde war ja ganz in der Nähe. Ein älterer Mann erzählte im Sitzen Geschichten von früher und von den vergangenen Heldentaten der Massai-Krieger. Er legte nur dann eine Pause ein, wenn in der Ferne ein Löwe brüllt. Danach machte er unbeeindruckt weiter und schmückte seine Geschichte so richtig schön aus – sehr zur Freude seiner Zuhörer. Schließlich verschwand einer nach dem anderen in der Dunkelheit seiner gewölbten Erdhütte, um schlafen zu gehen. Die Nacht war ruhig. Außer dem Atmen der schlafenden Rinder war nichts zu hören, denn die Dunkelheit und Abgeschiedenheit der offenen Steppe verschluckte jeden Laut.

Der Gesang eines kleinen Massai-Jungen hallte durch die Steppe. Seine helle Stimme wurde von der schweren, dunstigen Luft der Morgendämmerung weit fortgetragen. Je höher die Morgensonne stieg, desto eindringlicher sang er, geradeso wie ein Singvogel, der sich beim Auftauchen der ersten Sonnenstrahlen tüchtig ins Zeug legt und tiriliert.

Ich lauschte dem Gesang und die aufgehende Sonne ließ mich nun auch den Massai-Hirtenjungen erkennen, der zwischen den Rindern seines Vaters stand. In ein längliches rotes

Tuch gehüllt, das seinen Körper zum Teil bedeckte, stand er, auf den Schaft seines Speeres gelehnt, wie ein Storch auf einem Bein.

Die Massai leben noch nahezu genauso wie ihre Vorfahren vor Hunderten von Jahren – Relikte einer längst vergangenen Zeit. Ihr Leben richtet sich ganz und gar nach dem Auf- und Untergehen der Sonne und dem ewigen Rhythmus der wechselnden Jahreszeiten, ansonsten spielt Zeit in ihrem Leben keine große Rolle.

Ich beobachtete sie in ihrem Tun und in ihrer ungezügelten Lebensfreude - und ich beneidete sie ein wenig, für ihr Leben im Einklang mit der Natur.

RUSSLAND - MEIN LETZTES PROJEKT

Die Anfrage zur Planung und zum Bau einer Chemieanlage kam über einen deutschen Vermittler aus St. Petersburg.

Als erstes war wieder eine Reise nach Russland notwendig. In St. Petersburg wurde ich von einem ganzen Stab russischer Spezialisten und Bankleuten empfangen.

In ausführlichen Gesprächen diskutierten wir die technischen Fragen und die russischen Bankvertreter bestätigten in den Unterredungen, dass die Finanzierung über ihre Bank gesichert wäre. Man ließ durchblicken, dass der größte Anteil des erforderlichen Kapitals aus EU-Mitteln stammte.

Wieder zurück in Deutschland haben wir bei der A.S.I. umgehend mit den Planungseinzelheiten begonnen. Wir haben die Statistik für die Großbehälter erstellt und die ersten Skizzen für die Gesamtanlage vorbereitet.

Nach sechs Wochen bekam ich die Nachricht, dass ich erneut nach St. Petersburg kommen sollte, um mit verschiedenen Fachleuten an den 140 Kilometer entfernten Produktionsort nach Priozersk zu fahren, da dort bereits mit den Bauarbeiten begonnen wurde.

Die Fahrt führte uns in den Nordosten von St. Petersburg, durch eine imposante Landschaft aus endlos Ketten von Seen und majestätischen Wäldern. Die Stadt Priozersk liegt auf einer großen Insel zwischen zwei Armen des Vuoksa-Flusses am Zufluss in den Ladoga-See, auf russisch Ladoshskoje Osero. Der See ist mit 18 400 km^2 und mehr als 660 Inseln der größte Europas.

Auf der Baustelle waren gerademal sechs Frauen als Maurer tätig und ich fragte mich, wo waren die Männer?

Die technischen Besprechungen zogen sich über einige Tage, da jeder der russischen Ingeneure andere Ansichten vertrat, aber letztendlich konnte ich meine Meinung behaupten.

Danach ging es wieder zurück nach St. Petersburg um die kaufmännische Seite zu klären. Ich wurde am nächsten Morgen mit einem fabrikneuen 500er Mercedes vom Hotel abgeholt und in Begleitung einer vierköpfigen Delegation zur Bank gefahren, um die Einzelheiten der Zahlungsabwicklung festzulegen.

Mir wurde versichert, dass die Finanzierung gesichert wäre und die Bezahlung sollte über einen Schweizer Anwalt als Treuhänder abgewickelt werden.

Nach meiner Rückkehr nach Deutschland vergab ich den Auftrag für die Chemieanlage an eine Firma für Reaktorenbau im Nachbarort.

Um sicherzustellen, dass alle Gebäude und Fundamente den Plänen entsprechen, habe ich beschlossen mit dem Firmeninhaber gemeinsam nach Russland zu fliegen, um die Baumaßnahmen an Ort und Stelle zu besichtigen.

Mit vielen Unterlagen, Plänen und Detailzeichnungen kamen wir spätabends in St. Petersburg an. Vereinbarungsgemäß sollten wir am Flughafen abgeholt werden und in das von mir gebuchte Hotel gebracht werden. Nach einer Stunde stand ich mit meinem Begleiter noch immer vor dem Flughafengebäude, ohne dass sich ein Mensch um uns kümmerte.

Verärgert fuhren wir mit dem Taxi zum Hotel. Wir hatten Hunger, aber im Hotel war die Küche bereits geschlossen. Ich beschloss mit meinem Geschäftsfreund nach einem noch geöffneten Restaurant zu suchen, nur wer verstand schon unser Deutsch-Schwäbisch in St. Petersburg.

An einem Taxistand fragte ich, ob einer der Fahrer etwas deutsch verstehen würde und versuchte händeringend meine Wünsche zu erklären. Ich staunte nicht schlecht, als einer der Taxifahrer mir auf schwäbisch-russisch zurief »Kommed, ich fahre euch zom „Schwabenhäusle“, das isch ein Speiselokal ganz in der Nähe.« Wir trauten unseren Ohren nicht, als unser Fahrer erzählte, er hätte einige Jahre in Stuttgart gearbeitet und wir waren gespannt, ob er sich mit dem „Schwabenhäusle“ nur einen Witz mit uns erlaubte.

Nach knapp 15 Minuten waren wir am Ziel. Schon von weitem war in großen Leuchtbuchstaben zu lesen „Restaurant Schwabenhäusle“.

Alles machte einen fast heimatlichen Eindruck. Nur, dass

wir am Eingang des Restaurants nach Waffen untersucht wurden, war doch sehr ungewöhnlich.

Wir betraten eine einladende Gaststube, eingerichtet wie ein gutes Speiserestaurant in Stuttgart, oder Ulm. Von einer hübschen jungen Dame in Dirndltracht wurden wir mit einem „Guten Abend und herzlich Willkommen“ an einen gemütlichen Tisch gebracht. Auf dem Tisch lag eine Speisekarte mit einer großen Auswahl schwäbischer Gerichte. Da gab es Maultaschen, geröstet und in der Brühe, Schweinebraten und Spätzle mit Kartoffelsalat und vieles mehr, was die schwäbische Küche auszeichnet. Es wurden viele deutsche Biersorten angeboten, darunter sogar ein dunkles Weizenbier.

Das Restaurant war überwiegend von deutschen Gästen besucht, aber auch den Russen schien die schwäbische Küche zu schmecken.

Der Inhaber erzählte uns, dass er mehrere Restaurants in Stuttgart hätte und alle Mitarbeiter des russischen „Schwabenhäusle“ in Stuttgart ausgebildet und mit den hübschen Trachten eingekleidet worden wären.

Nach einem guten und reichhaltigen Essen und Trinken wurden wir von unserem freundlichen Taxifahrer wieder zum Hotel gebracht.

Ich verlangte unsere Zimmerschlüssel und bekam zwei Codekarten, wie sie in modernen Hotels üblich sind. Mein Geschäftsfreund war der Seniorchef seiner Firma und in der Fremde etwas unbeholfen. Ich war kaum zehn Minuten in meinem Zimmer, als er bei mir an die Tür klopfte und mich bat, sein Zimmer mit dem „blöden Kärtle“, wie er es nannten, zu öffnen.

Inzwischen war es bereits nach 2 Uhr und ich war rechtschaffen müde. Gegen 3 Uhr riss mich das Telefon aus einem tiefen Schlaf. Es war die Rezeption und man bat mich dringend nach unten zu kommen, da sich ein aufgeregter älterer Herr gemeldet hätte, aber niemand sein Anliegen verstehen würde.

Meine Verblüffung war groß, als ich meinen Geschäftspartner im Nachthemd am Hotelempfang stehen sah. Hilfesuchend schaute er mir entgegen und berichtete, dass seine Toilettenschüssel überlaufen würde und gleich das ganze Zimmer unter Wasser stehen würde.

Auf Englisch konnte ich den Russen das Problem erklären und rasch wurden zwei Frauen mit Eimern und Putzlappen losgeschickt um das Zimmer vom Wasser zu befreien. Als wir vorsichtig die Zimmertür öffneten, war von Wasser keine Spur.

Bald stellte sich heraus, dass mein Geschäftsfreund noch nie eine amerikanische Toilette gesehen hatte, die sich automatisch bis zum Rand mit Wasser füllte. Als mein Begleiter seinen peinlichen Irrtum begriff, schien er in seinem Nachthemd zu schrumpfen und erntete fast mitleidige Blicke.

Nach einer kurzen Nacht fuhren wir mit einem Geländewagen von St. Petersburg nach Priozersk und ich war doch sehr überrascht, dass das Baugelände noch im selben Zustand war, wie bei meinem letzten Besuch.

Energisch machten wir den zuständigen Russen klar, dass wir mit unserem Teil der Arbeit schon sehr weit fortgeschritten wären und die Bauarbeiten vor Ort zügig vorangehen müssten.

Bei unserem Rückflug von St. Petersburg nach Stuttgart erwartet uns bei der Zwischenlandung in Frankfurt der deutsche Vermittler des Russlandauftrags. Ganz vorsichtig erkundigte er sich nach dem Fortschritt der Arbeiten und kam immer wieder auf die Fragen zurück, ob man sich nach ihm erkundigt hätte, oder was man über ihn gesagt hätte. Mir kam sein Verhalten sehr merkwürdig und fast verdächtig vor.

Weitere Wochen vergingen und die Anlage war soweit fertiggestellt, dass die Großbehälter verladen werden konnten. Wir informierten den Vermittler und erhielten immer wieder den Bescheid, dass die Gebäude und Fundamente noch nicht fertig wären.

Um die Situation vor Ort zu klären, meldete ich mich telefonisch in St. Petersburg an, um von den zuständigen Stellen zu erfahren wie sich die Sachlage tatsächlich verhielt.

Ich wurde vereinbarungsgemäß am Flughafen abgeholt und mit all meinen Unterlagen für drei Tage in einem Hotel einquartiert.

Am folgenden Morgen meldeten sich drei junge, sehr gut gekleidete und freundliche Männer bei mir. Höflich erklärten sie mir, dass es die Bank mit der ich bisher verhandelt hatte nicht mehr gäbe, sie hätte sich aufgelöst und nun wären sie die neuen Herren des Projektes.

Völlig perplex stieg ich in ihre Luxuskarosse und ließ mich in die „neue Bank" fahren, die scheinbar den jungen Herren gehörte.

Die Möbel waren in dem neu eingerichteten Schreibbüro noch nicht an ihrem Platz, aber ein Computer und Fax und Telefon waren in Betrieb.

Während ich über die neue Situation grübelte, wurden die Verträge umgeschrieben und den geänderten Gegebenheiten angepasst.

Da die Anlage bereits versandfertig im Hof des Herstellers lag und um an unser Geld zu kommen, sah ich keine andere Möglichkeit, als die Vertragsänderungen zu akzeptieren.

In den folgenden Wochen kamen von unserem deutschen Vermittler immer wieder unsinnige Reklamationen, oder es wurden Fragen aufgeworfen die längst geklärt waren oder an der Sache vorbei gingen. Schnell wurde uns klar, dass alle Reklamationen und Fragen nur das Ziel hatten, die Zahlungen weiter zu verzögern.

Nach vielen Telefonaten und Faxe und endlosen Gesprächen wurden wir vom Vermittler endlich benachrichtigt, dass das Geld in der Schweiz hinterlegt wäre. Hier war ein Anwalt beauftragt die Auszahlung Zug um Zug gegen die Abnahme der Anlage an uns auszuzahlen. Er wartete nur auf die Zustimmung des Vermittlers. Der erklärte ganz unverblümt, dass er erst zustimmen würde, wenn wir aus dem bereitgestellten Betrag eine Million Mark auf sein Privatkonto in der Schweiz überweisen würde.

Um unsere Rechnungen an den Anlagenbauer begleichen zu können, hatte wir keine andere Wahl, als der Forderung nachzukommen.

Die Anlage wurde dann auch ordnungsgemäß abgenommen und bezahlt.

Inzwischen haben wir erfahren, dass die russische Firma neues Kapital aus internationalen Fonds erhalten hat, ohne wirklich an der Anlage interessiert zu sein. Immer wieder wurde der Name der Firma und der Bank geändert und die Anlage lag mehrere Jahre versandfertig und unberührt auf dem Hof des deutschen Herstellers. Da durch die Lagerung neue Unkosten entstanden, wurde die Chemieanlage von unserem Vermittler und dem Hersteller noch einmal verkauft. – Und wahrscheinlich musste der neue Kunde eine weitere Million an den Vermittler bezahlen.

ABSCHLUSS

Nach so vielen, weltweiten Erlebnissen und manchmal auch aussichtslos erscheinenden Situationen bleiben mir viele Erkenntnisse:

Manchmal hat mich mein Humor gerettet. Und manchmal habe ich meinen Humor über die Zeit gerettet.

Ich durfte ein Zeitalter besichtigen; und ich durfte mich einmischen, ich konnte helfen und ich durfte vielen Menschen Arbeit und Zukunft geben.

Es gibt immer eine Hand die uns festhält, die auch den Armen und Hungernden in den Armenhäusern der Welt ihr Lächeln nicht erfrieren lässt.

Eines Tages wird die Flut unseres Reichtums zur Sintflut für uns werden und die Abermillionen von Armen und Geknechteten werden sich erheben und sie werden uns fragen »Was habt ihr mit unseren Bodenschätzen gemacht, die ihr uns gestohlen habt?«

Dann wird eines Tages die gerechte Hand sich von uns zurückziehen und unsere Nachkommen werden diese Rechnung bezahlen müssen. Zu hoffen ist, dass wir wenigstens das Lächeln behalten dürfen.

* * *